Elisabeth Moltmann-Wendel

Wach auf, meine Freundin

Elisabeth Moltmann-Wendel

Wach auf, meine Freundin

Die Wiederkehr der Gottesfreundschaft

Kreuz

Für Eliza, meine Enkelin

Inhalt

Einleitung

»... als wäre die geheime Kraft der Erde einem mitgeteilt«, so beschrieb 1898 die spätere Anführerin der deutschen Frauenbewegung Gertrud Bäumer ihre Freundschaft mit Helene Lange, der ersten Vorkämpferin der Frauenbewegung.[1] Der Ausdruck wirkt archaisch. Die geheime Kraft der Erde – ein Wort aus einem Hölderlinvers – klingt fremd aus der Feder einer für die rationale Durchsetzung der Frauenrechte engagierten Frau, und er klingt seltsam für die Beschreibung einer Frauenfreundschaft zweier hoch intellektueller Frauen, die im deutschen Idealismus groß geworden und politisch bekannt und effizient waren. Was war für sie die geheime Kraft der Erde? Was drückte sich in diesen Worten aus?

Zunächst ist zu sehen, dass es zwei höchst unterschiedliche Frauen waren, die sich da zusammengefunden hatten und bis ans Lebensende der Älteren ihr Leben teilten. Gertrud Bäumer, 25 Jahre jünger als Helene Lange, verstand sich als Christin mit daraus hervorgehendem sozialem Engagement. Die Freundin dagegen war religionskritisch und stark von der Aufklärung geprägt, hatte Ansehen und Achtung in der Öffentlichkeit erworben, während die Jüngere nach ihrer Lehrerinnenausbildung noch zu studieren angefangen hatte.

Sie teilten ihren Alltag, der dadurch belastet war, dass Helene Lange an einer anscheinend nicht zu heilenden Augenkrankheit litt. Die Furcht vorm Ende ihrer erfolgreichen Tätigkeit, die Angst zu erblinden und daneben das Aufsteigen ihrer jungen Freundin zu sehen, werden Helene Langes Tage bestimmt haben. Auf der anderen Seite müssen das beglückende Studium und zugleich die Hilflosigkeit der Freundin die junge Frau hin- und hergerissen haben. Aber gerade in dieser Unterschiedlichkeit kann sich eine für beide stimulierende Gegenseitigkeit entwickelt haben, ein Nehmen und Geben, ein Empfangen und Mitteilen von Alltagserfahrungen und spirituellen Kräften, das Gertrud Bäumer dann mit dem kühnen Wort von der geheimen Erdkraft beschreibt.

Wie die beiden Frauen in der Öffentlichkeit lebten, das Private und das Politische teilten, war mutig, und das Wort von der geheimen Erdkraft möchte ich hier als Beschreibung einer neuen Qualität von Freundschaft oder Freundinnenschaft verstehen, wie sie heute in den Freundschaftsentwürfen von Mary Hunt und Hildegund Keul begegnen.

Lange waren unsere Freundschaftsmuster von der auf Aristoteles zurückgehenden Männerfreundschaft der Gleichen bestimmt, die im geistigen Dialog der Wahrheit näher kommen. Noch für Nietzsche war das Weib nur der Liebe und nicht dieser Art von Freundschaft fähig, und im Großen Brockhaus von 1988 dominieren noch immer die männlichen Freundschaftsmodelle, wenn darin Freundschaft als »ritualisierte (wie die griechische Jünglings- und Männerfreundschaft), als institutionalisierte und sozial geschützte (wie die Blutsbrüderschaft), als Bund (wie der Göttinger Hainbund)« beschrieben und dann erst die »Paargruppe« und der lockere Typ wie Bekanntschaft angefügt werden.

Doch seit Frauen vor allem nach der Französischen Revolution mit Wort, Buch und Salon sich energisch einen Platz in der Öffentlichkeit erstritten, hatte der Prozess begonnen, dass aus der »Avantgarde ohne Hinterland« – wie Christa Wolf die frühen Frauenfreundschaften charakterisiert hat[2] – eindrucksvolle Freundschaftskulturen hervorgingen. So demonstrierte Rahel Varnhagen in ihrem Salon, dass Freundschaft von Frauen auch auf die Egalität der Geschlechter hinweise und also Vorspiel einer Demokratie sei. Zugleich nannte sie ihre Verwandten, Brüder und Schwägerinnen »Freunde« und machte klar, dass Freundschaft die Blutsbande unterwandern konnte.[3] Freundschaft als Politikum und Freiheit von Familienzwängen sind bis heute wichtige Elemente für das Verständnis von Frauenfreundschaft.

Bei Bettina von Arnim wurde dann die Frau als biographische Person wichtig, die sich überhaupt erst in und durch Freundschaft entfalten und der Freundin zur Entfaltung verhelfen kann (S. 35 f.).

Am Ende des 19. Jahrhunderts entwickelten sich Netzwerke von Freundschaften, die auf der Basis persönlicher Kontakte politischen Forderungen Gewicht geben konnten. Ein Beispiel dafür sind die gesellschaftlichen Kontakte um die Kronprinzessin Friedrich in Berlin, die als Tochter der Queen Victoria liberales Denken nach Preußen bringen wollte und mit den Frauenorganisationen zusammenarbeitete.[4]

Frauenfreundschaft setzt also neue Akzente: In ihr wird Öffentlichkeit und Privatheit verbunden. Sie gedeiht im Alltag, erweckt ungekannte Energien, schafft Freiheit von Familienzwängen, Offenheit auch für gleichgeschlechtliche Liebesbeziehungen von Frauen und homosexuelle Partnerschaften.

Freundschaft als Politikum,

Freundschaft als Freiheit zu anderen Lebensformen,

Freundschaft als Erdung – als Quelle der Entdeckung der eigenen Persönlichkeit und als Befreiung von erstarrten Lebensformen.

Doch das sind gegenwärtig noch mehr Wunsch-Beschreibungen als Realitäten. Noch gibt es in unserer Kultur die alten Modelle:

Frauenfreundschaft als Nische in einer von Männern dominierten Kultur, in der aller Frust abgelassen und aller Trost bei der Freundin gesucht wird. Noch ist die Busenfreundin eine soziale und psychologische Notwendigkeit. Auf der anderen Seite ist die interessengeleitete Männerfreundschaft, die kaum das eigene Selbst preisgibt und kaum Intimität kennt, noch stets präsent. Doch neben verzerrten, weil sich abkapselnden Freundschaftsformen entwickeln sich auch offene Lebensformen, die der Anderen, dem Anderen, den Anderen nicht mehr sich abschließend bis feindlich gegenüberstehen.

Auffallend ist heute die Vielfalt von Freundschaftsformen, und auffallend ist vor allem auch die Suche nach freundschaftlichen Selbstdarstellungen. So begegnet bei Todesanzeigen häufig, dass nicht nur Eltern den Tod von Tochter oder Sohn anzeigen, sondern dass Freundesgruppen noch einmal das Gleiche tun. Jasmin, Nina und Nico wollen zeigen, dass sie genauso betroffen sind wie Eltern und Geschwister.

Nach einer Umfrage des »Spiegel« (12. 7. 99) verbringen Jugendliche sogar 85 Prozent ihrer Freizeit mit Freundinnen und Freunden, und nur 13 Prozent nennen Fernsehen als ihre eigentliche Freizeitbeschäftigung.

Meines Erachtens bahnt sich ein Kulturwandel an, in dem die Familienbindungen und Familiennormen zurücktreten und gleichberechtigt oder ersatzweise verschiedenste Arten von Freundesgruppen an die Stelle treten.

Auch die wachsende Zahl moderner Patchwork-Familien lässt die Zahl der Freund- und Freundin-Beziehungen ansteigen.

Gehen wir damit auf eine freundschaftliche Welt zu? Oder wird in Kälte, Enge und Konkurrenzkampf nur die Wärme der Gruppe gesucht?

Vielleicht ist es eine Konsequenz gelockerter Freundschaftsvorstellungen, dass das Muster von Freundschaft auch dazu dient, freundschaftliche Beziehungen für unterschiedliche Gruppen heraufzubeschwören. So spricht man heute von freundschaftlichen ökumenischen Beziehungen, die allerdings die prekäre Abendmahls- und Amtsfrage außen vor lassen. So soll es »geistige Freundschaften auf Gemeindeebene« geben – mit Nähe und Distanz. So heißt es in einem Artikel über Seelsorge, dass der Seelsorger nicht unbedingt Prediger oder Helfer, aber unbedingt »freund-lich« sein soll: »Freundschaft ist ein besseres Orientierungsbild für den Seelsorger als Verkündigung oder Dienst ... In einem Zusammensein freundschaftlicher Art hat sowohl das Interesse am Mitmenschen als auch die Lust und Bereitschaft zur Verkündigung Raum. Die kerygmatischen und diakonischen Konzepte haben die Tendenz, methodisch einengend zu wirken.«[5]

Sind wir auf dem Wege in eine freundschaftliche Kultur, in der Herrentum, Hierarchie, Gewalt, entmündigende Betreuungsmuster abgelöst werden? In der freund-liches Verhalten wächst, in der die Personwürde des Gegenübers gewahrt wird und doch Engagement und Empathie sich nicht ausschließen? In den letzten Jahrzehnten versuchte man in theologischen Kreisen, mit dem Wort »Zärtlichkeit« neue Muster menschlichen Verhaltens herauszufordern und die Herrschaftsbilder zu ersetzen. Zärtlich war auch Gott. Zärtlichkeit war eine der Töchter Gottes und »unbeirrbar subversiv«.[6] Später trat vor allem durch Frauen Eros an diese Stelle: erotisches Erkennen, Erotik als Lebensmittel wurden die neuen Hierarchie-freien Lebensdevisen.[7] Doch das Pathos, das beide Begriffe stets mit sich führen, ermüdet. Freund-lich, freundschaftlich ist weniger pathetisch belastet und könnte die beiden Vorgängerinnen ablösen. Deutlich wird anhand von Zärtlichkeit, Erotik, Freundschaftlichkeit, dass in unserer Kultur nach verändernden Bildern gesucht wird, die einen neuen Umgang miteinander signalisieren, der auch die Familienbeziehungen bereichern wird.

Ich möchte die Frauenerfahrung von Freundschaft nicht absolut setzen, aber sie als einen wichtigen Fortschritt weg von alten Mustern sehen.

Ein heilendes Bild für unsere Gegenwart ist für mich Gott als Freund, als Freundin. Wer die Diskussion um Vater- oder Muttermetaphern für Gott leid ist, wem auch in Naturbildern und in der Gestalt der Weisheit ein personales Element fehlt, kann in der Freundschaft mit Gott etwas von der Weite, Nähe, Güte und Gefährtinnenschaft wiederfinden, die Menschen heute so dringend brauchen.

In einer Untersuchung hat Klaus-Peter Jörns gezeigt, dass Menschen heute nicht in erster Linie nach dem gnädigen Gott fragen, sondern eher eine Partnerschaft mit Gott suchen, mit einem Gott, der ihnen in ihren Lebenskonflikten zur Seite steht.[8] Die Vorstellung von Freundschaft könnte hier hilfreich sein und die religiöse Sprache neu beleben.

Seit ich aber begonnen habe, von der Freundschaft Gottes zu sprechen, bekomme ich immer wieder Anfragen, ob Freundschaft reicht, »um die Dimensionen und auch Abgründe zwischen Gott und Mensch nicht zu überspielen, sondern wahrzunehmen und zu versöhnen«. Fragen dieser Art kommen meist von solchen, die in traditioneller Theologie erzogen sind und für die die Distanz zwischen Gott und Mensch das einzige, stetige und sie bewegende Thema der Theologie bleibt.

Andere haben Probleme, wie man Gott als Freund und Freundin verstehen kann angesichts des Unheils, von dem die Welt ständig heimgesucht wird. Gott ist für sie – wie für viele Christen und Christinnen – Mitverursacher von allem Bösen auf dieser Welt.

Und schließlich gibt es welche, die Freundschaft so privat und intim erleben, dass es ihnen kaum möglich scheint, darin soziale und religiöse Modelle zu sehen.

Gott-Freund ist nun aber eine alte biblische Bezeichnung Gottes, die unter Christinnen und Christen immer wieder auftaucht, doch in unsern von der Distanz zwischen Gott und Mensch geprägten theologischen Denkmustern und in unsern hierarchisch-bürokratischen Kirchen keine Heimat mehr hat. Auch in der Feministischen Theologie erregt Gott-Freund eher den Verdacht, männlichen Individualismus zu transferieren.

Aber Gott als Freund ist ein Bild, das sich angesichts der Suche vieler Menschen nach Gott als Bundesgenossen, der ihnen in ihren Problemen beisteht, regelrecht aufdrängt. Es ist ein Bild des Gott-für und des Gott-mit-uns, des Gefährten, der auch zur schwesterlichen Gefährtin werden kann, die uns hilft, das Leben in seiner Komplexität zu bestehen.

Wer Schwierigkeiten mit einem solchem Gottesbild hat, sollte einmal die Grundmuster seiner eigenen Freundschaft betrachten: In der Freundschaft gibt es Intimität, Vertrauen und Nähe – das sind die Grundvoraussetzungen. Ein Freund, eine Freundin kann für mich eintreten, kann etwas wieder gut machen und mir auch überlegen sein. Und wie Hiob kann ich mit ihm/ihr auch streiten.

Aber es gibt in der Freundschaft auch die Distanz, die Achtung vor dem Anderssein des Anderen, das Geheimnis der Fremdheit. Nur so kann Freundschaft vor Dauerexplosionen bewahrt werden. Möglich ist auch, dass man sich einander entfremdet und eine Freundschaft sich auflöst. Es kann ein Ende geben und doch auch immer wieder einen Neuanfang. Eine Freundschaft kann eine Weile ruhen und dann wieder lebendig werden.

Ich glaube, alle unsere Freundschaftserfahrungen mit Eros und Enttäuschung, mit Zorn und Versöhnung, mit Fremdheit und Nähe können wir in unserer Gotteserfahrung wiederfinden, auch wenn das Freund- oder Freundin-Sein Gottes nur eine Metapher bleibt, ein Versuch, von Gott etwas auszusagen. Unsere Kindheitsträume oder Kindheitstraumata von dem allregierenden, allmächtigen Vater, der auch alles Unheil in seinen Händen hat, können wir dabei hinter uns lassen. Sünde aber ist in solchem Gottesverhältnis nicht negiert. Sünde ist, so sagt es eine der später hier vorgestellten Frauen, sich abzusondern von allen andern, sie nicht zu brauchen und nicht gebraucht zu werden. Es ist die Verweigerung, unsere Abhängigkeit von allem, was lebt, anzuerkennen. Es ist die Verweigerung, das Auge und Gewissen des Kosmos zu sein. Sünde heißt, sich selbst vom Leben abzuschneiden, von Gott, der – wie die Weisheitstheologie sagt – ein »Freund des Lebens« ist (Weis 11, 26).

Theologie, die sich um Freundschaft entfaltet, die Gott als Freundin und Freund wieder erfährt, ist am Heil und Wohlergehen und an der Gerechtigkeit für alle interessiert. Das ist ihr Ausgangsort, ihr Ziel und ihre Legitimation. Von Freundschaft aus über Gott nachzudenken, kann vielleicht auch unsere eigene Fähigkeit zu Freundschaft bereichern. In Freundinnenschaft und Freundschaft selbst meinen aber schon manche, Gott und Göttliches zu erfahren, Gott als Macht in Beziehung. Freundschaft ist ein weites Feld, das Himmel und Erde verbindet, das Gott und Göttliches immanent und transzendent denken lässt.

Hüten sollten wir uns jedoch vor dem alten Störtebecker-Piratenruf: »Gottes Freund und aller Welt Feind!« Er ist bis heute in Theologenkreisen gängig, in denen eine Art Entscheidungstheologie zwischen Gott und Satan vorherrscht. Hier sind Gegensätze aufgezeigt, die dem Freundschaftsdenken nicht entsprechen. Hier werden in moderner Form Glaubenskriege und Kreuzzüge wiederholt, aus denen einst eine fatale politische Theologie hervorging, die Carl Schmitt vertrat und die dem Nationalsozialismus nützlich war.[9]

Gegenwärtiges, noch immer praktiziertes Entweder-Oder-Denken ist eine Frucht solchen Freund-Feind-Denkens, das in einander ausschließenden Möglichkeiten die Wirklichkeit zu erfassen versucht, aber dem Leben nicht gerecht wird. Die Psychotherapeutin Anne Wilson Schaef hat vorgeschlagen, an Stelle des »Entweder-Oder« ein »Ja-Und« zu setzen, das die Kommunikation erleichtert und für komplexe Probleme auch komplexe Antworten möglich macht.[10]

Sallie McFague, die amerikanische Theologin, hat uns

schließlich darauf hingewiesen, dass im hebräischen Denken nicht der Feind die Gegenvorstellung zum Freund ist, sondern der Fremde.[11] Freundschaft schließt den Fremden nicht aus. Sie schließt ihn ein.

Ich möchte zunächst Freundschaftsvorstellungen von Gott in Bibel und christlicher Tradition und dann in der gegenwärtigen Theologie darstellen. Eine besondere Stellung nimmt darin die Freundinnenschaft ein, die unsere traditionelle Freundschaft verändern wird. Ich selbst werde allerdings häufiger das Wort »Freundschaft« auch für Frauenfreundschaft verwenden. Von da aus werde ich nach Modellen von Freundschaft in der Christologie, nach deren Bedeutung für das Abendmahl und das Sündenverständnis fragen. Die Freundin Jesu Maria Magdalena schließlich könnte ein anderes Kirchenbild abgeben als der einst fortgelaufene Petrus. Beispiele für neues Suchen nach freund-lichen gesellschaftlichen Beziehungen sind für mich die Vorstellungen von Zärtlichkeit und Eros. Freundschaftliches Verhalten in unserem immer noch beherrschten Körper und zu unserer immer noch gegängelten Erde machen die Gottesfreundschaft dann auch in unserem persönlichen und öffentlichen Leben konkret. Der Titel des Buches – eine leichte Variante des Liebesaufrufs im Hohenlied – zeigt den Grundtenor des Buches an, dass Frauen aufwachen zu einer eigenen Kultur der Freundschaft. Diese Beiträge sollen anregen, Freundschaft an vielen Orten neu zu entdecken und Freundschaft auch wieder neu zu lernen.[12]

Die traditionellen Familienbilder von der Gotteskindschaft und der Schwesterlichkeit und Brüderlichkeit möchte ich damit nicht verdrängen. Sie drücken die Selbstverständlichkeit der Beziehung zu Gott und der Menschen untereinander aus, die auch Unabhängigkeit bedeutet. Doch mit Freundschaft kommen die kostbaren, lange vergessenen Elemente von Freiheit und Selbstverantwortung zurück, die in einer rasant sich verändernden

Welt hilfreich und Leben-verwandelnd sind und sich neben die alten Bilder stellen.

Während mich das Freundschaftsthema beschäftigte, haben mir viele Frauen wichtige, kritische und anregende Beiträge bis hin zu Literaturhinweisen und Übersetzungen geliefert. Ich konnte sie nicht alle in diesen Band hineinnehmen, aber sie haben mich dem komplexen Thema stets ein Stück näher gebracht, und ich möchte allen Mitdenkerinnen vor allem Ute Grümbel an dieser Stelle herzlich danken. Danken möchte ich auch Hildegunde Wöller, der Lektorin im Kreuz Verlags, für kundige und freundliche Beratung.

Die ungewöhnliche Art, Theologie und zwar Feministische Theologie zu treiben, hat mich oft einsam gemacht. Umso wichtiger waren mir gerade Freundschaften der letzten Jahre: die Tübinger Freundesgruppen, die Zonta-Freundschaften, die alten, aber auch gerade die neuen Freundinnen und Freunde. Sie haben meinen Blick erweitert, mich bereichert und mir ein lange verloren gegangenes Stück Heimat- und Zugehörigkeitsgefühl gegeben. Begleitet und unterstützt hat dieses Buch wieder mein Mann Jürgen Moltmann mit nie nachlassendem Interesse an meinen Themen. Mit ihm verbindet mich eine fünfzigjährige Freundschaft.

Tübingen, Oktober 1999

Elisabeth Moltmann-Wendel

Traditionen der Gottesfreundschaft

Freund-Freundschaft sind kulturgeschichtlich geprägte Vorstellungen, in denen unterschiedliche Akzente begegnen. Freundschaft mit Gott ist auch eine Vorstellung, die bei Sokrates, Plato, in der Stoa, im Hellenismus, im Judentum und in der mandäischen Literatur zu finden ist. Im Christentum haben wir es später mit einer Vielzahl von Einflüssen zu tun.[1] Ich möchte hier aber nach den speziellen biblischen Aspekten der Gottesfreundschaft und nach deren Auswirkungen in der Theologiegeschichte fragen.

Biblische Grundlagen

Zunächst lassen sich vier unterschiedliche Stränge im biblischen Denken herausstellen:

1. Wie auch sonst in der Religionsgeschichte ist »Freund Gottes« ein auszeichnender Titel. In ihm schwingt noch das Ausgewähltsein mit, das das Wort *philos* z. B. im Griechischen hat, wo der Freund als von einem Gott Geheiligter, Geweihter, also als ein Auserwählter gilt. Diese Bedeutung hat *philos* (LXX), wenn Abraham so bezeichnet wird (Ex 33, 11; Jes 41, 8; Jak 2, 23). Auch Mose wird mit einem Freund Gottes verglichen: »Der Herr redete mit Mose von Angesicht zu Angesicht, wie ein Mann mit seinem Freund redet« (Ex 33, 11).

2. Dieses Auserwähltsein Einzelner erweitert sich später, wird demokratisiert in der Weisheitstheologie. Wer die Weisheit erwirbt, erlangt Gottes Freundschaft (Weis 7, 14).

Weisheit kann in heilige Seelen eingehen und sie zu Freunden Gottes und zu Propheten machen (Weis 7, 27). Ihre Freunde haben wahre Freude, und durch die Arbeit ihrer Hände kommt unerschöpflicher Reichtum (Weis 8, 18). Sie kann dem Menschen zur Schwester (Spr 7, 4) und zur Gefährtin (Weis 8, 9) und – als Klugheit – zur Freundin (Spr 7, 4) werden. In der Weisheitstheologie verliert sich autoritäres Gottesdenken, und an seine Stelle tritt ein faszinierendes Spiel mit Freundschaftsbildern.

In der Weisheitstheologie kann auch Gott selbst ein Freund genannt werden: Gott ist ein Freund des Lebens (Weis 11, 26).

3. Exegetische Studien – vor allem aus den USA – zeigen, dass das neutestamentliche Freundschaftsverständnis eingebettet ist in die griechisch-römische Kultur. Ich werde nur auf einige Aspekte hinweisen, die für die gegenwärtige Diskussion wichtig sind.

Im Neuen Testament nennt Jesus Menschen seine Freunde: »Ihr seid meine Freunde, so ihr tut, was ich euch gebiete« (Joh 15, 14). »Ich sage euch aber, meinen Freunden: Fürchtet euch nicht vor denen ...« (Lk 12, 4); »Lazarus, unser Freund, schläft ...« (Joh 11, 11).

Die Forschung zeigt, dass Jesus sich selbst als die Weisheit (*sophia*) verstanden hat (S. 46). So bekommen diese Freundesanreden noch einen besonderen Akzent: In ihnen wird die Gottesnähe zugesagt.

Zu diesen Freunden, also den engsten Gefährten, gehört auch Judas. Jesus sagt zu ihm: »Mein Freund, warum bist du gekommen ...« (Mt 26, 50).

Da auch Frauen in die enge Nachfolgegemeinschaft gehörten, können wir uns vorstellen, dass die Freundesanrede auch ihnen galt.

Seinen Tod deutet Jesus als Tod des Freundes für seine Freunde: »Niemand hat größere Liebe denn die, dass er sein Leben lässt für seine Freunde« (Joh 15, 13). Auch hier spielt wieder der Erwählungsgedanke eine Rolle: »Nicht ihr habt mich erwählt, sondern ich habe euch erwählt« (Joh 15, 16). Erwählung ist jedoch nicht exklusiv zu verstehen! Erwähltsein heißt geliebt sein.

4. Außenstehende nennen Jesus einen »Freund der Sünder und Zöllner« (Mt 11, 19; Lk 7, 34), und Jesus greift diesen Satz auf und identifiziert sich damit.

Zu den Freunden der Nachfolgegemeinschaft, wie sie das Johannesevangelium versteht, tritt nun in den synoptischen Evangelien noch eine andere Freundesgruppe. Zu Freunden erwählt werden hier die Ausgestoßenen. Zu Freunden werden die nach gesellschaftlichen Maßstäben Unwürdigen. Das Freund-Verständnis bekommt eine neue Qualität, ja es verändert sich.

Durch die vielfältigen Freundesbeispiele in Jesu Gleichnissen wird es noch mal farbiger: Freundschaft realisiert sich in der Tischgemeinschaft. Freunde bittet man zu Tisch. Mit Freunden ist man fröhlich und genießt (Lk 15, 11ff. 29; 14, 10). Der Gastgeber im Gleichnis vom königlichen Hochzeitsmahl nennt selbst den, der kein hochzeitliches Kleid anhat: »Freund« (Mt 22, 12; s. auch Lk 14, 10). Zum Freund öffnet man sich, will sich mit ihm freuen und genießen. Freundschaft ist lustvoll, aber auch verpflichtend.

Der Vorwurf, Jesus sei ein Freund der Sünder und Zöllner, verbindet sich auch mit der Klage, er esse mit den Sündern (Lk 15, 2) und er sei ein Fresser und Weinsäufer (Lk 7, 34; Mt 11, 19). Die intimste Gemeinschaft, die Mahlgemeinschaft, ist in der Jesusbewegung zu einem Fest ungewöhnlicher Freunde und Freundinnen (s. 53ff.) geworden, und diese ungewöhnlichen Freundschaften wurden zu einem religiösen und sozialen Grundmuster der Jesusbewegung.

Mit dem Begriff »Freund« kommt ein wichtiger Beziehungsbegriff in die frühe Christenheit, der auf keinen Blutsbanden oder auf Verwandtschaft beruht. In ihm deutet sich eine Gemeinschaft an, die eine neue Gesellschaft meint: eine Gesellschaft, die die Ausgegrenzten nicht nur integriert, sondern zum Zentrum der neuen Gemeinschaft macht: einer Tischgemeinschaft, in der sie die Ehrengäste sind (Lk 14, 12 ff.). Freundschaft ist hier nicht nur demokratisiert, sie ist revolutioniert. Mit ihr beginnt eine erregende, unkonventionelle Beziehungskultur.

Eine Außenseiterrolle in diesem Freundschaftsdenken spielt – wie schon oben gezeigt wurde – ein Vers aus dem Jakobusbrief 4, 4: »Wer der Welt Freund sein will, der wird Gottes Feind sein.« Hier deutet sich das später so verhängnisvolle Freund-Feind-Denken an (s.14).

Sallie McFague meint – wie schon oben erwähnt –, dass der ursprüngliche biblische Gegenbegriff zum Freund nicht der Feind, sondern der Fremde sei. Darin liegt für unser Denken in Gegensätzen eine Herausforderung zu eher prozessorientiertem Denken. Der Fremde kann zum Gastfreund und zum Freund werden. Im Neuen Testament wird aber dem Fremden eher der Bürger und Hausgenosse gegenübergestellt (Eph 2, 19).[2]

Bultmann verweist auf die Schwierigkeit des biblischen Freundschaftsbegriffes, da Jesus »sich denn auch nicht ihren Freund (nennt), sondern nur sie ›seine Freunde‹« nennt.[3] Es sei also von keiner Gegenseitigkeit im Sinne von Gleichheit die Rede. Dagegen spricht allerdings der Gebrauch von »Freund« in der Weisheitstheologie, wo eine Gegenseitigkeit vorliegt, und auch das Beispiel im Lukasevangelium, wo Gott mit einem Freund verglichen wird, den man auch noch um Mitternacht um ein Stück Brot bittet (Lk 11, 5). Hier wird vom Menschen aus Gott als Freund angesprochen.

Nur zwei Spuren gibt es im Neuen Testament, dass sich die Christen auch untereinander Freunde nannten: Apg

27, 3; 3. Joh 15. In der Apostelgeschichte wird erzählt, dass Paulus als Gefangener auf der Reise nach Rom in Sidon seine »Freunde« besuchen darf. Und im Johannesbrief werden »die Freunde« von »den Freunden« gegrüßt.

Das Wort »Freund« hat sich also in der Christenheit nicht durchgesetzt, vielleicht, weil Paulus statt von Freunden – wie es das johanneische Gemeinde-Konzept verstand – von Brüdern (und Schwestern) schreibt. Darin sieht Adolf von Harnack eine »noch innigere und wärmere Vorstellung«. Allerdings wundert ihn der Verlust der »Freunde« auch: »Man sollte denken, dass sich auch die Christen ›die Freunde‹ genannt haben, allein kaum ein Ansatz findet sich dafür.«[4]

Meines Erachtens lagen die Familienbilder sowohl für Gott als auch für die Beziehungen untereinander den Christen näher. Das kühne Konzept der *familia dei*, derer, die sich aus freiem Entschluss und oft im Bruch mit der Blutsfamilie in der Nachfolge zusammenfanden, verlor sich wie die Freundesbezeichnungen Gottes und tauchte nur sporadisch in der Kirchengeschichte wieder auf. Heute kehrt das Vermisste wieder.

Spätere Spuren

In der Christenheit begegnen dann Spuren der Gottesfreundschaft vor allem bei Clemens von Alexandrien und Origenes. Gottesfreunde werden in der nachfolgenden Zeit vor allem Märtyrer, aber auch Apostel, Heilige, Asketen, Kirchenlehrer, auch schon mal Bischöfe und immer wieder die Christen selbst genannt. Eine unterschiedliche Auffassung gab es aber in der Frage, ob die Gläubigen mit ihrer Erschaffung oder erst durch die Erlösung Gottesfreunde wurden. Für Hippolyt war die Menschheit der Freund, »welche durch die Hände Gottes geschaffen wurde«. Für Tertullian galt die andere Ansicht, dass der

Mensch nur vor dem Fall unschuldig und Freund Gottes war. Erwählung zur Freundschaft oder Erwerb der Freundschaft bildeten ebenfalls unterschiedliche Positionen, die auch in der Bibel keine eindeutigen Antworten fanden.

Gegenüber Erik Petersons grundlegenden Forschungen über die alte Kirche fehlen für Mittelalter und Neuzeit ausreichende Kenntnisse der Freundschaftsvorstellungen. Ich selbst kann auch nur einen oberflächlichen Überblick geben:

In der mittelalterlichen Mystik, vor allem in der späteren Zeit, fanden die Gedanken der Gottesfreundschaft auch gerade unter Frauen lebendige Anteilnahme.[5] Franziskus wurde *»verus amicus et imitator Christi«* genannt, aber auch die heilige Agnes nennt Bonaventura in seinen Predigten wiederholt *»amica«* – Freundin.

Meister Eckhart setzt seinen Predigtsammlungen den Satz voraus: »An euch wende ich mich, Brüder und Schwestern, die ihr Gottes liebste Freunde und bei ihm heimisch seid.«[6]

Bei Teresa von Avila finden sich immer wieder Bezüge auf die johanneischen Freundesstellen. »Christus«, schreibt sie, »ist ein guter Freund für uns. Wir sehen ihn als Menschen, schwach, leidend, als unsern Gefährten. Haben wir uns daran gewöhnt, können wir immer leicht an ihn denken …«[7] Dieser Gottesfreundschaft korrespondiert dann die Freundschaft untereinander in der größeren Gemeinschaft.

In den mittelalterlichen Legenden wird von Maria Magdalena gesagt, dass Jesus »sie ganz in seiner Minne entzündete« und sie annahm »zu seiner sonderlichen Freundin«.[8]

In der christlichen Geschichte wurden also auch Frauen zu Freundinnen Jesu erklärt, was im Neuen Testament noch nicht wörtlich vorkam, und ferner ergriffen auch Frauen von den Freundesbildern Besitz.

In Paul Gerhardt-Liedern, in die viel von der mittelalterlichen Mystik eingeflossen ist, werden Gott und Jesus direkt als Freunde angesprochen, was – nach Bultmann – in den biblischen Freundesaussagen nicht vorhanden ist. Zum Beispiel in folgenden Verszeilen:

»Ich danke dir von Herzen,
o Jesu liebster Freund …« aus:
»O Haupt voll Blut und Wunden«.

»Hab ich das Haupt zum Freunde
und bin geliebt bei Gott …«
aus: »Ist Gott für mich, so trete gleich alles hinter mich«.

»Nun weiß und glaub ich's feste …
dass Gott mein Freund und Vater sei …« in demselben Lied.

Was Bultmann im Neuen Testament vermisst, dass es auch von Menschen aus Freundschaft zu Gott gibt, holt also die Mystik nach.

Den Namen von Freunden für ihre Kirchengemeinschaft haben schließlich zwei Außenseitergruppen übernommen und die Spuren der johanneischen Ansätze weitergeführt: die »Gottesfreunde am Niederrhein«, jene Mystiker des 14. Jahrhunderts, und die Quäker, die radikalen Protestanten des 17. Jahrhunderts, die sich auch »Die Gesellschaft der Freunde« nannten.

Auch Luther hatte schon in der Reformationszeit den johanneischen Begriff der Freundschaft aufgenommen, um Gal 3, 28 (nicht mehr männlich und weiblich) »in einer Geschichts-offenen Weise zu interpretieren«.[9] Damit wollte er bewusst die traditionelle »Gevatterschaft«, also das Denken in Familienbildern, hinter sich lassen. Doch letzte Konsequenzen für die Kirchenstrukturen zog er nicht daraus.

Auch wenn aus dem Freund später allzu häufig der »Seelenfreund« wurde und in eine nicht mehr fassbare spirituelle Dimension abglitt, so schwang doch in der Vorstellung und im Gebrauch des Wortes »Freund« stets noch etwas von einer sozialen Wirklichkeit mit, die auch Veränderung meinte.

Die sparsame Aufnahme von Freundschaftsbildern in der Kirchengeschichte kann jedoch misstrauisch machen gegenüber einer Kirchenkultur, die mehr an gehorsamen und abhängigen Christen und den entsprechenden Bildern als an unabhängigen und gleichgestellten »Freunden« interessiert war. Das Weiterleben und Weiterwachsen dieser Freundesvorstellungen unter freien Christengruppen, in einzelnen Kirchenlehrern, in der Mystik und nicht zuletzt unter Frauen sollte aber Hoffnung geben für ein in der christlichen Kultur nie aufgegebenes kirchen- und gesellschaftspolitisches Potential. Es weitet heute den Blick auf die immer wieder unterdrückte und stets vorhandene Frauenbeziehung und auf das gegenseitige Vergnügen an Gott als Freundin.

Eine Frau schreibt: »Als Freundin und Vertraute ist mir Gott nah, manchmal, aber viel seltener als Freund.« Und: »Ich singe von Gott als Freundin, weil mich die Weiblichkeit Gottes direkt hineinnimmt in die Beziehung zu Gott.«[10]

Doch wie sieht in der gegenwärtigen Theologie Freundschaft und Gottesfreundschaft aus? Ein lange vergessenes Thema scheint wieder lebendig zu werden.

Von der Gottesfreundschaft zur Freundinnenschaft

Jürgen Moltmann

Als einer der Ersten hat Jürgen Moltmann 1975 den Begriff der Freundschaft aus der Tradition wieder aufgegriffen, um mit ihm sowohl die Beziehung zwischen Menschen als auch zwischen Gott und Menschen neu zu beleuchten.[1] Es geht ihm dabei keineswegs um einen Rückzug in die Individualität, sondern um einen Beitrag zum Abbau der Herrschaftsmodelle und des Herr-Knecht-Verhältnisses in Gesellschaft und Kirche: Freundschaft ist die »Seele des Sozialismus«. Hegel nannte Freundschaft den »konkreten Begriff der Freiheit«. Aber in Freundschaft ist mehr enthalten: Achtung, Zuneigung, Treue. Wenn die Elternbeziehung verblasst, tritt Freundschaft an die Stelle – eine reifere menschliche Beziehung – entsprechend in der gesellschaftlichen Entwicklung, wenn das Herr-Knecht-Verhältnis einer neuen, gleichberechtigten Beziehung weichen muss.

Ausgehend von der Freundschaft, die Jesus in der Tischgemeinschaft mit den Zöllnern und Sündern praktizierte, sieht Moltmann auch den tieferen Sinn der Beziehung Jesu zu Menschen, die lange unter Hoheitstiteln verborgen war. »Als Prophet des Reiches Gottes für die Armen wird Jesus zum Freund der Sünder und Zöllner. Als Hohepriester opfert er sich selbst für das Leben und das Heil anderer und vollendet sein Leben im Freundestod. Als der erhöhte Herr befreit er Menschen von der Knechtschaft und macht sie zu Freunden Gottes.« Von daher sollte eine hierarchische Amtskirche sich wieder darauf besinnen, dass sie einmal die Gemeinschaft der Freunde Jesu war.

Um Freundschaft aber nicht exklusiv misszuverstehen und an dem Sinn der Freundschaft im Neuen Testament vorbeizugehen, schlägt Moltmann die »offene Freundschaft« vor, eine Gemeinschaft, die nicht im inneren Zirkel der Gläubigen und Frommen, sondern in offener Zuneigung und öffentlicher Achtung der Anderen lebt. Solche offene Freundschaft bereitet dann den Boden für eine freundlichere Welt.

Freundschaft ist hier zu einer Schlüsselvorstellung für ein politisch-theologisches Denken geworden, das sowohl eine horizontale als auch eine vertikale Dimension hat. Diese Schlüsselrolle entdeckten auch andere in den folgenden Jahren wieder.

Sallie McFague

Mit verschiedenen Untersuchungen, die immer wieder um den Freundschaftsbegriff kreisen, folgte die amerikanische Theologie-Professorin Sallie McFague in den achtziger Jahren.

McFague ist ebenfalls von der gesellschaftlich-religiösen Dimension der Freundschaft fasziniert. Sie sieht darin ein gegenwärtiges Modell, um überzeugend von Gott und menschlichen Beziehungen zu sprechen, allerdings ein Modell, das auch der Korrektur bedarf und andere Modelle neben sich braucht.[2]

Auch für sie ist das Eltern-Kind-Modell nicht erschöpfend, das lange das Zentrum christlicher Gottesrede war. Für unsere Gesellschaft – so meint sie – seien Eltern-Kind-Bilder nicht mehr so zentral wie in früheren Gesellschaften, und sie können menschliches Leben auf Fortpflanzungsideale verengen. Viele Menschen hätten heute nicht mehr die Absicht, Eltern zu werden und Kinder zu bekommen. Ferner liegt für sie in diesem Modell ein hierarchischer Aspekt, weniger der von Gegenseitigkeit, Reife und Verantwortung, wie es das Bild der Freundschaft enthält. Drittens braucht unsere Gegenwart Vorstellungen von Beziehungen zwischen verschiedenen Menschen, alten, jungen, Frauen, Männern, von Menschen verschiedener Rassen und Religionen. Für solche Zusammenarbeit eignet sich das Bild der Freundschaft, das auch unsere Beziehung zu Gott ausdrücken kann.

Freundschaft muss dabei aus dem privaten und empathischen Denken befreit werden und zu einer Art planetarischem Denken werden. Es muss sich zur Freundschaft mit dem Fremden, dem Unbekannten, seien es Nationen oder Individuen, entfalten: »Wenn Menschen nicht Freunde werden, werden sie nicht überleben.«

Wie für Moltmann ist auch für sie die Jesusgeschichte – der Freund der Zöllner und Sünder – und die Jesuspraxis – das gemeinsame Mahl mit den Ausgestoßenen – der Ausgangspunkt solcher Freundschaft. Hier ist der Bruch mit aller Hierarchie und gesellschaftlicher Unterordnung geschehen, und von hier aus ergeben sich Gleichheit und Gegenseitigkeit. McFague fragt dann aber noch intensiv, ob in solchem Freundschaftsbild die Autorität Gottes erhalten bleibt. Sie zeigt, dass – anders als in der elterlichen Autorität – sich hier eine frei sich entwickelnde, Liebe und Kritik einschließende Autorität entfalten kann, die auf Reife beruht und neue Aspekte der Beziehung hervorbringen kann, die nicht von vornherein naturgegeben sind. Es ist Gott, der mit uns Gemeinschaft hält und uns auf unsern Wegen begleitet.

Ferner fragt sie, wieweit Gott in solchem Bild noch als heilende, rettende Kraft gesehen werden kann, und weist dabei auf ein Gottesbild, das nicht mehr Einsamkeit, Allmacht und Isolierung umfasst, sondern die Partnerschaft – und Freundschaft – des Menschen in seiner Reife und Bezogenheit auf andere einschließt. »Gottes Macht ist überzeugend, anziehend, kooperativ, und Heilung/Rettung ist nicht ein Akt ein für alle Mal, sondern ist eine

Beziehung zu uns und unserer Welt, die wächst, sofern wir auf unseres Freundes Sehnsucht, uns zu Freunden zu machen, antworten.« Damit ist die traditionelle Transzendenz Gottes verwandelt in eine Immanenz, in ein Leben Gottes in dieser Welt. Gott ist Teil von uns, wie wir teilnehmen am Leben unserer Freunde.

McFague weist allerdings auch auf Probleme solchen Freundschaftsdenkens, möchte dieses »Gedankenexperiment« nicht absolut gesetzt sehen. Notwendig sind für sie vor allem auch Bilder, die die personale Ebene transzendieren und die Höhen und Tiefen eines auch kosmischen Gottes zeigen. »Ekstase und Schrecken können nicht in den Bildern von Gottes Elternschaft oder Freundschaft aufgehen – der Ozean, der Himmel und die Erde können dies besser tun.«

McFague bettet den Gedanken der Freundschaft in eine gegenwärtige Theologie ein, in der die alten Gottesbilder von Allmacht und Herrschaft abgelöst sind durch Bilder von der Partnerschaft des Menschen mit Gott und dem mitleidenden Gott. Erstaunlich ist nur bei der Vielfalt der Aspekte, die sie anspricht, dass der feministische Aspekt nur andeutungsweise gestreift wird: Freundschaft sei vielleicht besonders relevant für Frauen untereinander und in Beziehung auf Männer, aber – so fährt sie gleich fort – auch für alle Menschen und für die ganze Menschheit.[3] Eine spezielle Art der Frauenfreundschaft oder das Modell Gottes als Freundin war für sie noch nicht aufgetaucht.

Carter Heyward

Im gleichen Jahr 1982 erschien in den USA ein Buch, das bis heute die Feministische Theologie bewegt: »The Redemption of God. A Theology of Mutual Relation«. Die deutsche Übersetzung kam 1986 heraus mit dem Titel: »Und sie rührte sein Kleid an«. Die Verfasserin Carter Heyward stellte sich einführend als feministische, christliche und lesbische Theologin und Lehrerin vor, deren »tiefste Quelle menschliche Liebe und Freundschaft« seien.[4]

Freundschaft, Freund, Freundin, Freunde sind Vorstellungen, die ihre Theologie durchziehen und ihr Grundmuster abgeben. Sie knüpft damit nicht an theologische Vorbilder an, sondern »entwirft« ein völlig neues Gefüge theologischer Zusammenhänge, in dem Theologie politische und Politik theologische Bedeutung bekommt. Das Ziel ist »eine Welt, in der alle Menschen des Gottesvolkes von einander und von dem Gott, der durch uns alle wirkt, dazu befähigt werden, mit Würde und ausreichender Nahrung zu leben«. Eine Welt, »die sowohl menschlicher als auch göttlicher sein wird«.[5] Freundschaft ist also eine Vorstellung, die in beide Bereiche gehört.

Zunächst siedelt Heyward die Freundschaftsvorstellung in der Gottesbeziehung an und protestiert damit gegen einen distanzierten, vom Menschen getrennten Gott, wie er in der Theologie immer wieder auftaucht, und auch gegen eine einsame, gnostische Gottheit, die keine Freunde hat. Gott ist Freund, aber dieser Titel schließt andere Titel nicht aus: »Gott ist für mich das, was wir als Mutter oder Vater, Schwester oder Geliebte, Freund oder Bruder denken können.«[6] In diesen Bildern drückt sich der Gedanke von der »Beständigkeit« aus, mit der Gott zwischen uns Brücken baut. Gott ist – und das ist ihr klassisch gewordener Satz – »die Macht in Beziehung«. Und die gibt es zwischen »Pflanzen und Hunden und Walen und Bergen und Städten und Sternen. Göttliches Wesen treibt uns, sehnt sich nach uns, bewegt sich in uns und durch uns und mit uns, indem wir uns selbst als Menschen erkennen und lieben lernen, die von Grund auf in Beziehung stehen und nicht allein sind.«[7]

Dieser Gott mit diesen vielfältigen Namen, die Heyward immer wieder wiederholt, ist »der überströmende und hilfreiche Gott«, »unser Freund und Bruder, der uns zwingt, unser Bett zu nehmen und zu wandeln«, zu dem wir beten können. Er ist »der Gott, den ich bejahen möchte«, »der Gott der Beziehung und der Freundschaft, der Gott der Gerechtigkeit für die Armen, der Gerechtigkeit für Frauen, der Gott der Gerechtigkeit für die Ausgestoßenen und ›den Anderen‹ und der Gott der Sexualität.« Dieser Gott ist sowohl Jahwe, der Freund der Menschheit, und ist »so wahrhaft Göttin wie sie Gott ist«.[8]

Der an sich blasse Begriff Beziehung, der Heywards Theologie prägt, bekommt nun durch Freundschaft Wärme und Bewegung. Freundschaft zeigt, dass Beziehung gegenseitig ist, und die Freude der Freundschaft kann nur so entstehen.

Solche Gegenseitigkeit begegnet auch in der Jesusgestalt und -geschichte. Jesus ist Gottes Kind, das in Beziehung zu Gott wächst und in einer freiwilligen und gegenseitigen Beziehung Gottes Freund wird. Die Vorstellungen »Vater« und »Mutter« geben das Wachsen wieder. Im Freund ist die gelungene Gegenseitigkeit wiedergegeben, die für Heyward auch umgekehrt zu denken ist: Gott als das Kind Jesu.[9]

Freundschaft zeichnet auch die Beziehung Jesu zu den Menschen um ihn her aus: »Jesus und seine Freunde«. Sie sind die Träger der Botschaft Gottes, sie verändern die Welt, in ihnen konzentriert sich die christliche Tradition. Doch zunächst vermisst Heyward in den Evangelien Beschreibungen der Gegenseitigkeit der Freundschaften Jesu, besonders in den Passionsgeschichten. »Ich glaube, die Autoren der Evangelien verfehlten den Kernpunkt der Passion Jesu – das heißt ihre Wurzeln in der Beziehung.«[10] An dieser Stelle ist aber zu fragen, ob Gegenseitigkeit und Freundschaft ausreichen, um die Jesusgeschichte in ihrer Beziehung zu Gott und Menschen ganz zu erfassen. Heywards Deutung der Gethsemane-Szene zeigt eine gewisse Gewalttätigkeit, die – wie auch in anderen feministischen Entwürfen – an dieser Stelle aufbricht. Heyward deutet den Schrei: »Mein Gott, warum hast du mich verlassen!« als einen zornigen Schrei Jesu, der ein bestimmtes Ziel hatte: die Nicht-Beziehung, die zerbrochene Beziehung, die verletzte Beziehung, die Zerstörung Gottes in der Welt...« Dieser bis ins Letzte selbstbestimmende Jesus verliert damit ein Stück Kreatürlichkeit, Einsamkeit und Menschlichkeit, die der erwünschten Gegenseitigkeit geopfert wird. Hier scheinen mir die Grenzen solcher Gegenseitigkeit zu liegen.

Wichtig wird nun für Heyward, Jesu Auferstehung nicht als Ereignis in seinem Leben zu sehen, sondern als Ereignis im Leben seiner Freunde.[11] Der Tod Jesu verhalf seinen Freunden zur Weigerung, »die Intimität und Unmittelbarkeit Gottes aufzugeben«. Jesu Bild ist das Bild eines Freundes, eines Menschen, dessen Freunde und Freundinnen begannen, »ihre eigene Macht in Anspruch zu nehmen«. Jesus ist aber nicht ihr »Haupt«, ohne den sie nichts machen könnten.

Der gesellschaftliche Hintergrund für diese leidenschaftliche Betonung von Freundschaft als Gegenseitigkeit ist eine Ordnung, in der Konkurrenz statt Gleichheit bestimmend ist, in der institutionelle Strukturen – von multinationalen Gesellschaften bis zu den psychosozialen Strukturen des Individuums – durch eine tiefe und allgemeine Furcht vor Freundschaft und Liebe verkrustet sind. Freundschaft wird ferner durch Sexismus, Rassismus und das Klassensystem verleugnet.[12] Den absurden Höhepunkt von Nicht-Beziehung sieht Heyward im Nationalsozialismus, als Freundschaft und Beziehungen durch den Judenhass zum Holocaust führten. In Elie Wiesels Schriften findet sie nun die Reaktion darauf, dass er – wie sie meint – für den absoluten Wert der Freundschaft steht.[13]

Heyward schließt ihr Buch mit einem Aufruf zur »messianischen Freundschaft«, das sind Freunde, die »nicht auf einen himmlischen Messias warten, sondern bereits in ihrem Personsein die transpersonale *dynamis* in der Welt repräsentieren.«[14]

Heyward hat die alte biblische Vorstellung von der Gottesfreundschaft neu belebt, Jesus als Freund wieder in die Theologie zurückgebracht und Freundschaft als eine umfassende Vorstellung von Gegenseitigkeit eingeführt, die alle Bereiche der Beziehungen herausfordert. Ihr eigenes Interesse konzentriert sich aber vor allem auf die »Freunde Jesu«, die Gott in der Welt leibhaftig und damit eine neue Moral notwendig machen. Da sie das gleichgeschlechtliche Wort »*friend*« benutzt, bleibt die Möglichkeit, sowohl Freund als auch Freundin aus den Texten herauszulesen.

Mary Hunt

Im Verlauf der achtziger Jahre verlagerte sich das Interesse Feministischer Theologie weiter auf die Bedeutung der Freundschaft selbst, vor allem als Frauen das Spezifische von Frauenfreundschaft entdeckten und kritisch gegenüber den oft aristotelischen Voraussetzungen wurden, nach denen nur Männer kompetent für Freundschaft seien. Die entscheidende Stimme für Freundschaft, die von Frauenfreundschaft ausgeht, diese allerdings nicht exklusiv, sondern inspirierend für alle anderen Freundschaftsformen sieht, war Mary Hunt mit ihrem Buch: »Fierce Tenderness. A Feminist Theology of Friendship.«[15] Als lesbische Feministin sieht Hunt in der nie benannten und stets verborgenen oder diskriminierten Frauenfreundschaft grundlegende humanitäre Werte und Verhaltenweisen sich offenbaren, sodass sie mit dieser Entdeckung von einer »Kopernikanischen Wende« auch in der Theologie sprechen kann. Sie berichtet über viele bekannte und unbekannte Frauenfreundschaften, erkennt in ihnen sowohl politische Aspekte als auch religiöse Dimensionen, die nicht zuletzt in einem von Zerstörung bedrohten Zeitalter Leben-erhaltende Bedeutung bekommen können. Als Feministische Theologin geht sie von der Erfahrung der Frauenfreundschaft aus und streift dabei kritisch traditionelle Theologie und biblische Positionen. Anders als bei ihren Vorgängern und Vorgängerinnen ist für sie die Jesus-Tradition der Tischgemeinschaft mit den Zöllnern und Sündern nicht tragend, ja wird auch nicht erwähnt. Das zentrale Freundschaftswort aus dem Johannesevangelium: »Niemand hat größere Liebe denn die, dass er sein Leben lässt für seine Freunde« mobilisiert nun aber ihre gesamte Kritik an einem auf die Todessymbolik fixierten Christentum. Ausgehend von der Frauenfreundschaft, für die statt Tod Teilhabe und Freude am Leben mit den Freunden im Mittelpunkt steht, fordert sie eine Theologie und Ethik, die von solchen Lebenswerten ausgeht.[16] Die zentrale Freundschaftsmetapher im Christentum möchte Hunt aber umdeuten. Frauen – so meint sie – würden in ihrer Sicht nicht den Tod des Freundes ins Zentrum stellen, sondern das Überleben der Frauen. Mehr passend wäre eine Metapher aus der Frauenerfahrung: z. B. der Triumpf einer Gruppe von Frauen über Ungerechtigkeit, ohne dabei eine(n) zu verlieren. Solch ein Triumpf wäre eine weibliche Auferstehungsgeschichte. Die traditionelle christliche Geschichte sei dagegen eine männliche Geschichte, die der Frauenvision nicht entspricht, ja ihr entgegensteht.

Hunt entfernt sich damit aus einer für sie männlichenchristlichen Tradition oder will sie umschreiben. Auch Freundschaft mit Gott-Freund oder selbst Gott-Freundin spielt für sie keine Rolle mehr. Stattdessen spricht sie lieber von Freundschaft mit dem Göttlichen, das nicht eine Person, sondern verschiedene Göttlichkeiten bzw. Freunde, Freundinnen meint. Freunde geben für Hunt ein reiches und phantasievolles Bild ab, das das vielfältige Göttliche entfalten und erforschen kann. Das Bild ist für sie nicht perfekt, aber es hilft, Menschen mit persönlicher und kollektiver Geschichte, mit negativen und positiven Aspekten in Berührung zu bringen.

Wird das johanneische Wort von der Freundesliebe, die Freundestod bedeuten kann, aus den biblischen Zusammenhängen herausgerissen, so könnte wirklich der Verdacht entstehen, Freundschaft sei im Christentum und die Theologie selbst auf den Tod fixiert. Doch stellt man das Freundschaftswort in den gesamten biblischen Kontext und interpretiert es von der synoptischen Mahlaussage her, so wird die lebensvolle Sicht dieser neutestamentlichen Freundschaft sichtbar. Freundschaft realisiert sich in einer Tischgemeinschaft, und die umfasst diejenigen, die unter Ungerechtigkeit leiden. Dies stellt das ganze Konzept antiker Männerfreundschaft von den Gleichen auf den Kopf. Es bedeutet Suche nach Gerechtigkeit, ein Begriff, der für Hunts Freundschaftsvorstellungen wichtig ist. Sie meinen offene Freundschaft, die auch für andere Marginalisierte geöffnet bleibt.

Das biblische Freundschaftsbild ist nicht todesfixiert. Es ist revolutionär, die philosophische Welt umstürzend. Es ist dem Leben zugewandt, dem Leben in Gerechtigkeit. Diese Zusammenschau fehlt bei Hunt, eine Sicht, die erst das Leben in seiner ganzen Realität umfasst.

Hunts Theologie der Freundschaft ist anregend, kämpferisch, lebensorientiert und findet im Gedanken der Inkarnation Anstöße zur Leiblichkeit und Diesseitigkeit. Doch frau fragt sich, ob hier nicht letzten Endes eine feministische Vision entworfen wird, die wenig mit der christlichen Tradition zu tun hat und die auch der Realität nicht standhält.

Hildegund Keul

Auf einem ganz anderen Weg kommt Hildegund Keul in ihrem Buch: »Menschwerden durch Berühren. Bettina Brentano-Arnim als Wegbereiterin für eine Feministische Theologie«[17] zu neuen Ansichten über Freundschaft, die sowohl menschliche Beziehung als auch religiöse Dimensionen umfasst. Keul untersucht die Freundschaft zwischen Bettina von Arnim und Karoline Günderode, interpretiert diese Beziehung als Freundinnenschaft, obwohl das Wort selbst in der Literatur nicht vorkommt. Unter Freundinnenschaft versteht sie nicht nur den Prozess, in den Frauen miteinander geraten, sondern den kreativen Umgang mit der Welt, den sie Berührung nennt. In der Berührung geht es um beides: um die Wahrnehmung der eigenen Person und um die Erkenntnis der Welt, in der diese Person lebt. Das Ich ist keine solipsistische Monade, aber es löst sich auch nicht in Beziehungen auf. Die Person wird durch Beziehung verändert und verändert zugleich die Beziehungen, in denen sie lebt. In der Berührung sieht Keul den Grundbegriff einer »Ontologie der Erfahrung von Gott, Mensch und Welt«.[18]

Berührung löst nicht die Polarität zwischen den Frauen auf. Sie ereignet sich sowohl im Hören auf die eigene Stimme als auch im Zuhören der Stimme der anderen. Die Romantikerinnen schufen eine neue Frauen-Beziehungskultur im Unterschied zum Philistertum ihrer Zeit.

Aus solcher Freundinnenschaft entsteht dann auch die Idee einer Religionsgründung, einer Religion, die den Menschen neu werden lässt. Die Sprache der Liebe zwischen den Freundinnen weckt Unbekanntes auf, ist eine Neuschöpfung. Und diese Sprache der Liebe ist letzten Endes die Sprache Gottes. In dieser Liebe wird das Reich Gottes gesehen. Die neue Religion soll dem Menschen wohl tun.

Damit ist eine theistische Religion abgewehrt, aber die »Schwebereligion«, wie Bettina sie nennt, ist nicht nur immanent. Es geht um die Transzendenz in der Immanenz, die in der Berührung, dem Lauschen und Sprechen, der Erfahrung mit der Welt und der Anteilnahme untereinander geschieht.

Die Freundinnenbeziehung ist also durch die Vorordnung des Hörens vor das Reden geprägt – ein Bruch mit patriarchaler Tradition, in der das gebieterische Sprechen am Anfang und das gehorsame Hören am Ende steht. In dieser neuen Gegenseitigkeit erkennt Keul die Formulierung der amerikanischen Theologin Nelle Morton wieder, die das Neue der Frauenbeziehung als das »*hearing to speech*« beschrieben hat. Morton kann Gott in der Metapher der Hörenden oder als »Ohr des Universums« sehen. Keul beschreibt dieses Gottesbild als leidenschaftlich Hörende. Doch aus der Freundinnenschaft der beiden Romantikerinnen kommt ihr dann das passendere Bild von Gott der Freundin entgegen: Gott-Freundin ist die Hörende – wie die Freundin die Hörende ist. Sie kann so zur Begleiterin auf dem Weg der Befreiung werden: »Wo Gott eine Frau zum Sprechen hört, wird sie zur Freundin dieser Frau.«[19] In dieser Metapher liegt sowohl begleitende als auch offenbarende Kraft. Gott ist anders als das traditionelle Gottesbild es lehrt. Gott ist in der Freundinnenerfahrung erlebbar, löst sich aber in ihr nicht auf.

Dieses Gott-Freundin-Bild hat zunächst mit den biblischen Freundschaftsvorstellungen nichts zu tun. Es erwächst aus dem Protest gegen eine dominierende Herrschafts- und Sprechkultur, es entfaltet sich unter bisher stummen und zum Gehorsam und Hören verurteilten Frauen; es reflektiert ihren Eigensinn und bringt sinnliche, minderbewertete Eigenheiten in die Öffentlichkeit; es bekommt gesellschaftliche Bedeutung für eine eigene und auch darüber hinausgehende menschliche Beziehungskultur, und es erhebt Anspruch auf eine Transzendenz, die sich aus der Liebe und Leidenschaft zur Welt ergibt. Dabei werden jedoch Aspekte biblischer Gottesbilder sichtbar: hören und erhören, Gegenseitigkeit, Partnerschaft, Zuwendung, bedingungslose Liebe und nie nachlassendes Interesse. Dies erinnert an die Gott-Weisheit, die Menschen auf ihren Wegen sucht, findet und begleitet. Mit ihrer Erfindung Gottes als Freundin kommt Keul vielleicht den weisheitlichen Gottesbildern, die allen Gottesfreundschaft anbieten, am nächsten.

Freundschaft erden

Ist Moltmann mit der Auslegung und Wiedereinführung des Freundschaftsbegriffes in die Theologie am Abbau der gesellschaftlichen, aber vor allem der kirchlichen Hierarchien, also an neuen Kirchengemeinschaften interessiert, die auch ein Neuverständnis christologischer Hoheitstitel bedeutet, so geht McFague einige Jahre später vor allem von ökologischen Fragen aus. Es geht ihr darum, mit Freundschaft eine neue Metapher für die Beziehung von Mensch und Erde einzubringen. Die Basis von Freundschaft ist Freiheit, die jedoch nicht individualistisch missverstanden werden soll. Ein gemeinsames Interesse muss da sein, in diesem Fall Heilung und Wohlergehen der Erde. Ferner Gegenseitigkeit zwischen vielen und vielem, seien es Geschlechter, andere Lebensformen, außermenschliches oder göttliches Leben, und schließlich Reife und Verantwortung.

Für Carter Heyward ist es wichtig, durch Freunde und Freundschaften Gott in der Welt leibhaftig zu machen. Inkarnation war nicht einmal, sondern geschieht heute auf neue Weise durch Freunde, Freundinnen und Freundschaft. Gegenseitigkeit ist das Grundmuster für Freundschaft und zugleich das der Gottesbeziehung der Menschen. Von ihr wird eine revolutionäre Macht ausgehen.

Für Hunt steht Frauenfreundschaft im Zentrum, die »ungestüm und zart« ist. Diese gibt Anstöße, um sich Symbole des Göttlichen wieder anzueignen, ethische Normen im Umgang mit Menschen und sinnvolle Verhaltensweisen gegenüber Tieren und der Erde. Vor allem aber gebe Frauenfreundschaft einen Antrieb für Gemeinschaften von Freunden, die auf der Suche nach Gerechtigkeit sind, um sich in aktiver Reflexion und reflektierter Aktion für eine freundschaftliche Welt zu engagieren.

Keuls Interesse gilt ebenfalls Freundinnen, die Berührung miteinander wagen und die gemeinsam ihr Leben gestalten. Um die Welt im Sinne der Freundinnenschaft zu verändern, fangen Frauen dort an, wo das Patriarchat es am wenigsten will, – nämlich bei sich selbst. Sie verändern ihr Selbstverständnis als Opfer und Ohnmächtige und entschließen sich, den Weg der neuen Schöpfung zu gehen. Aus der Hüterin des Heims wird die Schöpferin der Welt, die sie mit Eigensinn, mit eigenen Augen zu sehen lernt. So können Frauen sich als Freundinnen für die Befreiung der Frauen und für Gerechtigkeit einsetzen, was sie in Konflikte mit der patriarchalen Gewalt bringt, aber auch Gemeinschaften des Widerstandes und der Solidarität erleben lässt.

In allen fünf Entwürfen ist ein Auszug geschehen aus einem Christentum und einer Theologie, die geprägt war durch Vaterbilder, die sich Gott isoliert und machtvoll über der Welt stehend vorstellten und entsprechend die Menschen als Kinder, als abhängig und unreif ansahen. Gemeinsam sind allen neue Beziehungsmuster, eine neue Weltverantwortung und die deutlich gesehene Interdependenz allen Lebens auf dieser Erde. Gemeinsam ist den Frauenentwürfen, dass sie nicht in eine abstrakte Begrifflichkeit abheben, sondern jede auf neue und ungewohnte Weise geerdet sind. In der Theologie sind wir gewohnt, von Inkarnation – Menschwerdung, Körperwerdung Gottes – zu sprechen. Erdung ist dafür ein neuer plastischer Begriff.

Wie sehen solche Erdungen konkret aus?

McFague sieht die Welt als Leib Gottes. Das bedeutet für sie nicht, Gott mit der Welt zu identifizieren, aber in der menschlichen Beziehung von Geist und Leib die Beziehung Gottes zur Welt wiederzuerkennen. Menschen als weltliche, körperliche Wesen leben somit in der Gegenwart Gottes. Ein neues Sakramentsverständnis könnte daraus hervorgehen, das die Kostbarkeit, die Verwundbarkeit und die Einzigartigkeit der Welt wieder begriffe und zelebrierte.

Carter Heyward erdet Gott, macht ihn leibhaftig in seinen Freunden.

Für Hunt geschieht Erdung in der Vorstellung von *embodiment* – Verkörperungen, in denen sich Freundschaften ereignen, seien es Mahlzeiten, Körperkontakte, gemeinsame Aktionen, in der Akzeptanz von Geschichte, von Gefühlen, von Erfahrungen anderer, in der lustvollen Wiederaneignung des Körpers. Der Gedanke der Inkarnation wird für sie von daher eine wichtige christliche Reminiszenz, auch wenn sie kein persönliches Gottesbild mehr zurückholen möchte.

Für Keul ist schließlich Berührung das zentrale Wort, um Menschwerdung innerhalb von Freundschaft zu beschreiben. Es ist die intensive, füreinander und aufeinander zugehende Beziehung, die die andere und sich selbst zum Leben erweckt. In solcher »Freundinnenschaft« wird Gott als die zum Sprechen anstiftende Hörende, als Freundin erfahren.

Diese unterschiedlichen Erdungen scheinen mir die Grundlage für ein Gottesbild als Freundin oder eine Theologie der Freundschaft abzugeben. Sie sind heute Möglichkeiten, das Göttliche zu erfassen, in sich selbst die Verflochtenheit und Gefährdung allen Lebens auf dieser Erde zu sehen und aus dem eigenen Frauenschatten herauszutreten. Sie bilden neue leibhafte Elemente in einer leibfernen Theologie. Sie regen an, Inkarnation, Körperwerdung Gottes selbst zu erfahren im Hören, Berühren, bei Mahlzeiten, bei Körperkontakten, im Zusammenspiel von Leib und Geist, in Aktionen.

Es wird jetzt sichtbar, welchen Anteil gerade Frauen an konkreten Freundschaftsvorstellungen haben und wie wichtig Freundschaftsbilder in der Religion für eine Welt werden, in der sich neben die vorherrschenden Familienstrukturen auch andere Lebensformen stellen, und wie stark in der Auslegung der christlichen Tradition sich solche Bilder regelrecht anbieten. Sie könnten hilfreich sein, um die für viele ungenügenden Elternbilder, die den Status der Kindheit perpetuieren, zu ergänzen und zu erweitern.

Die Nähe und Bundesgenossenschaft Gottes, die heute angemahnt wird und die bisher in Vorstellungen von Bund, Partnerschaft, vom Gefährten aufgefangen wurde, bekommt mit Freund, Freundin, Freundschaft eine lebendige, warme Intensität, die in unser aller Leben hineinreicht und uns erden kann. Freundschaft, Freundinnenschaft ist erfahrbar unter uns – mit Lust und auch zuweilen mit Schmerz. Gottesfreundschaft ist darin ein Angebot, kein Dogma, sich neu mit Gott einzulassen, jenseits aller Gottesvergiftung, jenseits allen Herrentums, inmitten unseres Lebens als Frau oder Mann, als Kind, Mutter, Vater und als Freund und Freundin.

Den schon bisher immer wieder begegnenden biblischen Vorstellungen soll im Folgenden noch weiter nachgegangen werden. Wie ist der Tod Jesu angesichts der Gottesfreundschaft zu verstehen? Welche Bedeutung hat dabei die Weisheitstheologie?

Und vor allem: Was kann Freundschaft nicht nur für Frauen, sondern für Theologie, Kirche und Gesellschaft heute bedeuten?

Es ist heute an der Zeit, die aus Frauenerfahrung und Frauenreflexion kommenden Erkenntnisse von Freundschaft, Freundinnenschaft, Erdung, Leiblichkeit, Berührung einzubringen in die gegenwärtigen theologischen Denkmuster und in die gesellschaftlichen Lebensbereiche, um beide um heilende und heilsame Perspektiven zu erweitern.

Jesus, der Freund

Während in den späteren feministischen Entwürfen Freundschaft selbst ins Zentrum rückte und der Freund Jesus an Bedeutung verlor, wurde für mich Jesus als Freund wieder wichtig. Das begann während der kritischen Auseinandersetzung mit dem traditionellen Abendmahlsverständnis, an dem ich zusammen mit Württembergischen Theologinnen arbeitete und deren Ertrag dann in der kleinen Studie: »Wir Frauen und das Herrenmahl« 1996 erschien.[1] Wie viele Frauen in aller Welt wehrten auch wir uns darin gegen die tief verankerte Opfervorstellung, die dem Abendmahl zu Grunde lag: einmal, weil Frauen zu oft und bis heute Opfer werden und auch Opferverhalten verinnerlicht haben. Zweitens, weil es dem Gottesverständnis der Feministischen Theologie entgegensteht, dass Gott Opfer braucht. Dazu kamen Stimmen einer Anzahl von Exegeten, die aus dem Neuen Testament nur eine höchst dünne, vor allem aus dem späten Hebräerbrief sich ableitende Opferdeutung herauslasen und unsere kritische Haltung bestätigten. Wir suchten fortzukommen von den Bildern eines für unsere Sünden geschehenen Opfertodes Jesu. Ich setzte an die Stelle des Opfers das Bild der Hingabe, was nicht nur passives Erleiden, sondern auch ein Stück Selbstbestimmung einschloss, merkte aber bald an dem leidenschaftlichen, ja exzessiven Protest vieler Württembergischer Theologen, der gestützt wurde von der Kirchenleitung, wie tief Opferdenken nicht nur im Abendmahl, sondern auch in der Theologie, in der Kirchenstruktur und im Christenleben verankert ist und das Selbstverständnis bestimmt.

Für die Freunde sterben

Während einer Veranstaltung fragte mich eine Frau nach einem anderen Bild für den Tod Christi, und das brachte mich auf den Gedanken, ihr und mir die johanneische Deutung des Todes Jesu nahe zu bringen: »Niemand hat größere Liebe denn die, dass er sein Leben lässt für seine Freunde« (Joh 15, 13).

Dieser Satz ist in der Vergangenheit oft für Heldengedenken missbraucht worden. Was kann er heute aussagen?

Neben anderen neutestamentlichen Deutungen: Loskauf, Tausch, Erlösung von den Mächten usw. knüpft das Bild von der Freundesliebe an menschliche Erfahrungen an und kann vielleicht neue Zugänge zu unverständlich gewordenen Bildern wie Opfer öffnen. Mir selbst wurde Freundschaft ein Schlüssel, auch Anderes, theologisch schwer Verständliches neu zu deuten: z. B. die Beziehung zu Gott, lange durch »Sünde« definiert, das Vater-Kind-Verhältnis, das so deutlich paternalistische, abhängig machende Züge trägt. In den Hintergrund geratene oder auch diffamierte Bereiche wie Erde, Geburt, Körper können unter dem Freundschaftsdenken neu aufleben und von dem Misstrauen, Naturreligionen zu präsentieren, befreit werden. Theologie und Kirche ist immer wieder vorgeworfen worden, unter dem Zeichen des Kreuzes Nekrophilie gefördert zu haben. Jetzt kann gezeigt werden, welcher Reichtum an Lebens- und Natur-zugewandten Seiten in der christlichen Tradition schon immer da waren und sich heute für neue Lebenszusammenhänge öffnen.

Wo sind die Wurzeln für dieses Motiv? Elisabeth Schüssler Fiorenza stellt diese Interpretation des Todes Jesu in Zusammenhang mit den neutestamentlichen Formeln: »Christus starb für ...«, die aus hellenistisch-jüdischen Gedanken kommen. Nach klassisch-griechischer

Tradition starben Freunde für ihre Freunde, Soldaten für ihre Nation und Liebende füreinander. »Diese Formel unterstreicht den hohen Wert und die große Wertschätzung, die Menschen zukam, die für ihre Freunde starben und die sich in dem messianischen Tod Jesu ausdrückt.«[2]

Dass diese Deutung des Todes Jesu etwas für Frauen aussagt, hat – wie oben gezeigt wurde – Mary Hunt energisch zurückgewiesen.[3] Sie argumentiert, dass Frauen nicht den Tod des Freundes ins Zentrum ihrer Religion stellen würden, sondern das Überleben von Frauen und es deshalb passender wäre, den Triumpf einer Gruppe von Frauen im Kampf um Gerechtigkeit – ohne dass eine verloren ginge – als zentrales Symbol zu wählen. Für sie kommt also der Freundestod Jesu aus einer männlichen Perspektive.

Isoliert man diese Freundesaussage, mag der Verdacht berechtigt sein. Doch das Neue Testament hat andere Freundesaussagen, die lebensorientiert und frauenbezogen sind und die das Bild des Freundes Jesu grundlegend erweitern und eine scheinbar männliche Symbolik verändern. Danach spricht Jesus erstens von denen als Freunde, die ausführen, was er ihnen gesagt hat, in einem unmittelbaren göttlichen Lebenszusammenhang stehen und nicht mehr »Knechte« sind (Joh 15, 14f.), auch Lazarus und Judas gehören dazu. Dann greift er aber auch die »üble« Nachrede, die über ihn im Gange ist, auf, er sei ein Freund der Zöllner und Sünder (Mt 11, 19; Lk 7, 34), stellt sich ihr und macht damit auch Zöllner und Sünder zu Freunden. Und zu beiden Gruppen gehörten heutiger Kenntnis nach auch Frauen. Aus den Quellen und den vielen Beispielen für Freundesmahlzeiten, fröhliche Tischgemeinschaften, die gerade auch die scheinbaren Nicht-Freunde einbezogen, lässt sich entnehmen, dass hier eine zentrale Praxis der Jesusbewegung beschrieben ist. Ein Bild voll Heiterkeit, Lebensfreude, ungewöhnlicher Zusammensetzung und darum auch gesellschaftlichen Ärgernisses! Wo ungewöhnliches Vergnügen sich am Tisch breit macht, wird man misstrauisch und eifersüchtig: Was geht hier vor?[4]

Wer waren nun diese auffälligen Tischgenossen? Wir kennen sie unter dem Namen »Zöllner und Sünder« und haben gelernt, damit unmoralisches Verhalten zu verbinden. Doch der Ausdruck beschreibt nicht einfach »eine moralisch anstößige Gruppe, sondern vielmehr eine Klasse von Menschen, die in so großer Not lebten, dass sie, nur um zu überleben, ›unehrenhafte‹ Berufe ausüben mussten«.[5] Die feministische Exegese hat gezeigt, dass zu dieser Gruppe genauso Frauen wie Männer gehörten, und spricht deshalb auch von »Sünderinnen und Zöllnerinnen«. Der Zollberuf war kein selbständiger Job, sondern hieß, angestellt zu sein an einem Zollbüro. Angestellt waren oft Verarmte und Sklaven oder Sklavinnen, die den für andere meist ärgerlichen Auftrag hatten, Zölle einzuziehen, was zuweilen schon bei einer Reise in den nächsten Ort erfolgen konnte. Die Armut dieser Abhängigen verleitete sie dann auch zu höheren Zollforderungen, was in der ganzen Antike deren Ruf als betrügerisch und »unrein« mit sich brachte.

Unter Sünderinnen müssen wir uns auch Prostituierte vorstellen, Frauen, die aus irgendeinem Grund aus der Versorgung des patriarchalen Familienverbandes herausgefallen waren und für ihren Lebensunterhalt selbst aufkommen mussten. Nach Interpretation der Tora durch Theologen konnten sie als »befleckt« oder »unrein« gelten. Meines Erachtens hat auch Markus die Geschichte der blutflüssigen Frau in einem solchen Zusammenhang gesehen, da er die gleichen Worte gebraucht, um ihre prekäre Situation zu beschreiben, wie sie in den levitischen Reinheitsgeboten zu finden sind (Mk 5, 24–34; Lev. 5, 23 ff.).

Im Unterschied zu anderen religiösen Genossenschaften wie Essenern und Pharisäern wurde hier – so Schüssler Fiorenza – die rituelle Reinheit des »heiligen« Tisches nicht beachtet. Nicht das kultische Mahl, sondern der reichgedeckte Tisch eines Festmahls wurde zum Symbol des kommenden Reiches Gottes.[6]

An dieser genussreichen, sättigenden Tafel, an der es nicht nur Brot und Wasser, sondern auch Wein, Fleisch, Fisch, Kräuter und anderes zu essen gab, saßen also die Außenseiter und Außenseiterinnen der Gesellschaft, die Marginalisierten mit dabei. Aber es gab auch die Tischgemeinschaft und die gute Mahlzeit mit den Freunden und Freundinnen wie Maria, Martha und Lazarus und auch das intime Mahl mit den engsten Vertrauten: das Abendmahl, zu dem aber auch Frauen gehörten.[7] An verschiedensten Tischen wurde also in der Jesusbewegung Freundschaft zelebriert und praktiziert, und der missgünstige Ruf, er sei Freund solcher oft fragwürdigen Gruppen, geriet in der frühen Christenheit zu einem Ehrennamen: Jesus, der Freund.

Das Freundesmahl der Weisheit

Diese Tradition der Tischgemeinschaft mit Freunden, wie sie die Evangelien beschreiben, hat in der alttestamentlichen Weisheitstheologie ein Urbild, und das verweist noch einmal auf versteckte weibliche Traditionen der Freundschaft. Dort ruft die Weisheit alle von den Straßen an ihren reichgedeckten Tisch:

»Die Weisheit hat ihr Haus gebaut und ihre sieben Säulen behauen. Sie hat ihr Vieh geschlachtet und ihren Wein gemischt und ihren Tisch bereitet und sandte ihre Mägde aus zu rufen auf den Höhen der Stadt: ›Wer noch unverständig ist, der kehre hier ein!‹ Und zum Toren spricht sie: ›Kommt, esst von meinem Brot und trinkt von meinem Wein, den ich gemischt habe‹« (Spr 9, 2–5).

Jesus und Weisheit sind hier sehr parallel gesehen: Im reichen Mahl geschieht Gemeinschaft, Sättigung, Einsicht, Trost, Erneuerung – ein Vor-Bild für das Festmahl des Reiches Gottes (Jes 25, 6; Mk 14, 25).

Der theologischen Forschung nach hat Jesus sich selbst als die Weisheit verstanden, und die älteste Christologie scheint eine Sophialogie gewesen zu sein.[8] Für Frauen taucht hier ein weibliches Modell auf, das ihnen den Zugang zur Jesusgeschichte und Jesuspraxis noch einmal erleichtert: Es ist ursprünglich die Weisheit, deren Bedeutung und Funktionen Jesus übernimmt. Und es ist wichtig, dass das Freundeshandeln Jesu durch die einladende Hausherrin, Küferin, Metzgerin und Köchin Weisheit sich erweitert. Es wird lebendiger, konkreter, praktischer, vitaler. Fragt frau sich, wer denn die Mahlzeiten der Jesusgruppe zubereitet hat, so taucht hier das realistische Bild dafür auf: Es sind Frauen, die Hausherrin, die alles selbst im Griff hat, und ihre Mägde. Und wie Jesus feiert sie nicht das Mahl mit Vertrauten, sondern mit den Fernstehenden, den Fremden.

Hat Jesus sich in ihr wiedergesehen? Hat er sich mit dieser Frau Weisheit identifiziert?

Es ist anzunehmen, dass er nach Lk 7, 35 sein Freundes-Essen mit den Ausgegrenzten mit der Weisheit gerechtfertigt hat, die alle Israeliten als ihre Kinder anerkennt.

Wichtig scheint mir, dass hinter der großen Idee der Tischgemeinschaft auch die Realität von Haushalt und Hausarbeit auftaucht und heute zu Frauenmählern und von Frauen gestalteten Mahlfeiern ermuntert.

Doch diese lebensfrohe Tafelrunde, die wir auch in Parallele zu anderen berühmten Tafelrunden der Geschichte sehen können: Platos Gastmahl, das Gralsmahl, hatte nur einen gesellschaftlichen Fehler, der zum Verhängnis führte: Sie brachte nicht die vertrauten Freunde aus gleicher Klasse und gleichem Geschlecht, sondern die Nicht-Freunde zum Freundesmahl zusammen. Das war ein Verstoß gegen die Gesellschaft und ihre Riten. Das forcierte die Anklage gegen ihren Initiator und brachte ihm schließlich den Tod. So starb er nicht für unsere Sünden, sondern für die, die seine Freunde und Freundinnen geworden waren, für Freundschaft als leidenschaftliche menschliche Beziehung und Befreiung.

Ist das Kriterium von echter Freundschaft Gegenseitigkeit, so ist zu fragen, ob solches gegenseitiges Nehmen und Geben wirklich die Beziehung Jesu zu seinen Freunden ausmacht. Die Quellen, die uns dafür zur Verfügung stehen, sind die Erzählungen der Evangelien über Jesu Jünger- und Jüngerinnenbeziehung. Carter Heyward vermisst im Markusevangelium, das sie speziell untersucht, dass die Evangelien nicht über solche Gegenseitigkeit der Freundschaften Jesu berichten, aus denen gerade Freude kommt. »Ich glaube«, schreibt sie, »die Autoren der Evangelien verfehlten den Kernpunkt der Passion Jesu – das heißt ihre Wurzeln in der Beziehung.« Deswegen möchte sie einen Jesus entwerfen »voller Freude in Beziehung zu Menschen, die wussten, dass er – wie sie – ganz menschlich bewegt war, bewegt vom Drang zur Intimität, zu innigem, wechselseitigem Umgang mit der Welt und den Menschen.«[9] Vielleicht überfordert sie die Jesusbeziehung mit gegenwärtigen Wünschen. Mir scheint aber, dass es gerade in den neu gelesenen Evangelien eine Reihe von Hinweisen darauf gibt, dass hier nicht ein Herr mit seinen Untergebenen Kontakt hatte, sondern dass er von ihnen auch abhängig war, von ihnen lernte und auf sie, ihre Liebe und Zuwendung angewiesen war. Besonders deutlich wird die Gegenseitigkeit der Beziehung allerdings erst in den Jesus-Frauengeschichten.[10] Hier nimmt Jesus in sichtbarer Weise von den Frauen etwas auf: Er begreift seine Sendung zu allen Menschen durch die syrophönizische Frau, lässt sich auf ihr Gottesbild vom reichgedeckten Tisch ein, erfährt durch die Salbung Wohltat und Voraussage seines Schicksals, wird von Martha getrieben, Lazarus zu erwecken, spürt durch die blutende Frau, welche Kräfte in seinem Körper sind. Und die Frauen nehmen gleichfalls von ihm etwas auf: Lehre, Lebenserfahrungen, Geschichten, Mahlzeiten und ungeahnte Zuneigung. Ihr Gang zum Grab am Ostermorgen ist dann der Endpunkt einer langen Beziehung von Gegenseitigkeit, die auch mit dem Tod nicht endet. Es mag in diesen Beziehungen eine gewisse Heiterkeit fehlen, aber es fehlen ebenso tragische und asketische Züge.

Nur gibt es in jeder Freundschaft auch Erfahrungen von Anderssein und Einsamsein. An diesem Punkt scheint mir Beziehung in der Feministischen Theologie zuweilen zu starr gedacht. So ist für Rita Nakashima Brock, die die Beziehung zwischen Jesus und den Frauen als erotische »Christa-Community« versteht, Jesus nie völlig verlassen gewesen, obwohl seine Gefühle als Gottverlassenheit geschildert werden. Sie schreibt:

»Jesus does not die totally abandoned, though he is described as feeling godforsaken. The divine erotic power illuminated through Christa/Community in Galilee and the woman at Bethany is sustained through Jesus' death by those who watch him die and mark his burial site.«[11]

(Jesus starb nicht völlig verlassen, obwohl sein Gefühl als Gottverlassenheit beschrieben ist. Die göttliche erotische Macht, wie sie in der Christa-Gemeinschaft in Galiläa und in der Frau von Bethanien aufleuchtet, wurde durch Jesu Tod hindurch durch die aufrechterhalten, die ihn sterben sahen und um seinen Begräbnisplatz wussten.)

Die Jesusgeschichte gerät damit in die Gefahr, sich in eine Beziehungsgeschichte aufzulösen. Gemeinschaft, Freundschaft fängt alle Individualität auf. Die Eigengeschichte Jesu verschwindet. Die Werte der Beziehungen stehen im Vordergrund des Interesses. So kann Jesus in anderen Entwürfen zu dem einen unter vielen, zum Märtyrer wie andere Märtyrer, zum Gekreuzigten neben vielen anderen Gekreuzigten werden. Er ist dann Freund unter

Freunden, dessen eigenes Geschehen nicht mehr ein Ereignis in seinem Leben, sondern im Leben seiner Freunde wird.

In solchem Bemühen steckt der Versuch, die jesuanische Helden- und Heilsgeschichte zu entmachten und auch die Probleme, die manche Frauen mit dem männlichen Erlöser haben, herunterzuspielen und erlösende Kräfte in der Macht der Gegenseitigkeit wiederzufinden. So ist auch zu erklären, warum in den späteren Entwürfen feministischer Theologinnen Freundschaft untersucht wird, aber Jesus als Freund nicht mehr von Interesse war.

Damit entfällt aber auch die personale Beziehung zum Freund, der eben auch anders sein kann als ich, dessen Geschichte nicht in meiner aufgeht. In dieser anderen Geschichte kann ich aber auch eine intensivere, mich befreiende Gotteserfahrung erkennen, als ich sie selbst vielleicht jemals erlebe. Der Freund/die Freundin bleibt damit ein Gegenüber und somit ein Freund/eine Freundin. Der Angst, die in der Feministischen Theologie vor einer Proklamation der Einzigartigkeit Jesu und damit einem christlichen Herrschaftsanspruch besteht, sollten wir nicht nur politisch begegnen, sondern auch mit den Glaubensaussagen von Frauen.[12]

Der Freund im Alltag

Anders als in solchen westlich-feministischen Entwürfen haben Frauen in Afrika noch ein unmittelbares und existenzielles Interesse an Jesus als Freund. Nach Doris Strahms Untersuchung ist diese Freundesvorstellung eine »sehr volksnahe Vorstellung von Christus«, eines der populärsten Bilder unter den afrikanischen Frauen, »weil diese einen solchen persönlichen Freund am meisten brauchen und dieses Bild von Christus ihnen half, ihren Kummer, ihre Einsamkeit und ihr Leiden auszuhalten«.[13]

Nach Mercy Oduyoye ist der Christus afrikanischer Frauen »vor allem ein Freund und Gefährte, der ihnen in ihrem täglichen Leben begegnet, die lebenszerstörenden Mächte des Todes besiegt und Frauen von der Last patriarchaler Vorurteile und unterdrückerischer kultureller Bräuche befreit«. Ein Freund also in tiefster Erniedrigung, aber auch ein Freund in Selbstbejahung.[14]

Die Grundlage ist auch für Afrikanerinnen die Bibel mit ihren Erzählungen von der Freundschaft Jesu mit den Marginalisierten, mit dem Jesus, der die Bluttabus, die auch auf der afrikanischen Frau lasten, aufhebt. Er ist Freund, Kamerad, Genosse dieser Marginalisierten und wird auch deshalb in seinem öffentlichen Handeln als mitfühlender Freund betrachtet. Seine Bedeutung beschränkt sich jedoch nicht darauf, »Freund und Gefährte« zu sein. Er ist auch Mutter, Frau, Afrikanerin, der in seinem Menschsein auch das volle Frau-Sein offenbart. Als leidender Christus ist er dann auch der mitleidende Gefährte, der mit ihnen in ihren Leidenssituationen ist, aber auch gleichzeitig zeigt, dass Leiden nicht Gottes Plan entspricht. Im Bild des mit-leidenden Jesus ist zugleich die Aufforderung zur aktiven Solidarität enthalten, die nicht nur bei der Identifikation mit den Leidenden stehen bleibt, sondern zur Wiederherstellung des Lebens führt.[15]

Verschwindet Jesus als Freund manchmal aus westlich-feministischen Entwürfen, so erfährt die traditionsreiche Freund-Jesus-Beziehung unter den afrikanischen Frauen noch einmal Macht. Jesus als Freund ist nicht der private Seelentrost, sondern begleitet Frauen durch alle Lebenssituationen, durch Alltag und Leiden, durch Aufbruch und Widerstand. So wie solches Freund-Sein in unserem Kulturkreis die Mystikerinnen zu eigenem Denken ermutigte, Teresa von Avila selbständig handeln ließ und Louise Otto-Peters Frauenaufbruch begleitete.[16]

Wo hat solche Freundschaft in unseren gegenwärtigen theologischen Modellen einen Platz? Für mich ist die

Weisheitstheologie durchzogen von solchem begleitenden Freund-Freundin-Sein. Sie, die Weisheit, ist wie eine Freundin (Prov 7, 4), die die Menschen zu sich ruft, auf ihren Wegen begleitet und – das ist für mich eine der schönsten Ausdrücke ihres Wesens: sie geht mit Josef in den Brunnen, in alle menschliche und göttliche Verlassenheit und verlässt ihn nicht (Weis 10, 13). Damit ist – wie in der Tischgemeinschaft der Weisheit – ein Stück existenzielle Kreuzestheologie vorgezeichnet. Paul Gerhardt hat solcher Erfahrung Ausdruck gegeben, indem er von Jesus, dem Freund, dichtete:

> Er reißet durch die Höll,
> ich bin stets sein Gesell.

»Gesell« ist ein altes Wort für Freund, das Luther zum Beispiel auch benutzte, um *philos,* Freund, zu übersetzen (Mt 11, 19).

Das Bild des Freundes entspannt die zu oft Abhängigkeit mitmeinenden Elternbilder Gottes. Jesus selbst war kein abhängiger, gehorsamer Sohn. Im Gegenteil, er stand seiner Blutsfamilie stets kritisch gegenüber, und *seine* Familie waren seine Jünger und Jüngerinnen, seine Freunde und Freundinnen.[17] Ein Ideal der frühen Christenheit war die *familia dei,* die Familie Gottes, eine Gemeinschaft, die nicht durch Blutsbande bestand, sondern durch Freiwilligkeit und Freundschaft.

Das Freundesbild verdrängt allerdings die Elternbilder nicht, wie die Bibel und wie unsere Beispiele zeigen, sondern fügt zu Vertrauen und Geborgenheit der elterlichen Bilder vor allem freund-liche Freiheit und Begleitung. Es entlastet die oft unverständlich gewordenen Erlöservorstellungen durch menschliche, alltägliche Vorstellungen. Es kann, wie die Weisheitstheologie zeigt, auch weiblich, also als Freundin interpretiert werden. Es produziert kaum Moral- und Vorbildfunktionen, sondern öffnet einen weiten Lebensraum, in dem Liebe und Distanz, Freiheit und Geborgenheit die Grundmuster sind.

Ist die Mahlpraxis Jesu eines der wichtigsten Elemente seines Lebens und Wirkens, so erstaunt es, dass sich von Jesus her, der hier so zentral als Freund erfahren wird, nie eine Christologie der Freundschaft entwickelt hat und wie wenig offene, geschwisterliche oder messianische Freundschaften das Gesicht und die Gedanken der Christenheit bisher geprägt haben. Auch ein Freund kann heilen und vergeben. Auch Freundschaft kann befreien und verwandeln.

Wo gibt es bekannte und bislang verdeckte Spuren solchen urchristlichen Freundschaftsdenkens, in denen die bedingungslose und die alle einschließende Gottesliebe geerdet ist? Diesen Fragen möchte ich in den folgenden Kapiteln nachgehen.

Das Abendmahl als Freundschaftsmahl

Was uns heute am intensivsten mit Jesu Freundeshandeln verbindet, könnte das Abendmahl sein. Was das Abendmahl heute wieder lebendiger und leibhaftiger machen könnte, wäre, es als Freundschaftsmahl zu feiern. Frauen pflegen gegenwärtig oft unbewusst solche Traditionen. Sie treffen sich, kochen und essen zusammen, stärken und stützen sich mitten in ihrer alltäglichen Umgebung und in ihren Alltagskonflikten und haben Rituale der Nähe und Berührung entwickelt. Doch viele Menschen erleben die traditionellen Abendmahlsfeiern immer noch als Rituale, in denen Trauer, Tod und Sünde im Vordergrund stehen. Solche Feiern werden geprägt vom Gedanken, dass Jesus für unsere Sünden den Opfertod am Kreuz erlitt. Liturgie, Gestik, Abendmahlslieder betonen diese Grundstimmung, die schon das am Anfang stehende Sündenbekenntnis einleitet: »Ich armer, elender, sündiger Mensch …« In der katholischen Eucharistie heißt es entsprechend: »Ich bin nicht wert, dass du in mein Haus kommst …«[1]

Inzwischen sind in vielen Gemeinden Veränderungen vorgenommen worden: Das Sündenbekenntnis ist entfallen, traurige Abendmahlslieder sind durch muntere Gemeinschaftssongs ersetzt, die Stimmung ist entspannter geworden. Doch wer näher zusieht, merkt, dass tief unten im Abendmahlsritual immer noch eine Christologie steckt, die vom Opfer geprägt ist.

Wie ist es möglich, den Sühnopfergedanken durch die Vorstellung des Freundestodes und der Freundschaftstat zu ersetzen und dadurch auch das eigene Leben von Opfermentalität zu befreien? Wie ist es möglich, in einem

Abendmahl nicht nur Vergebungskräfte zu erlangen und mit sich wieder »ins Reine« zu kommen (wie es viele verstehen), sondern auch uns verwandelnde Lebenskräfte zu erfahren, die unsere engen Grenzen öffnen?

Dazu braucht es verschiedene Schritte. Es ist möglich, das tief ins christliche Bewusstsein eingegrabene Verständnis eines Opfertodes hinter sich zu lassen. Das bedeutet aber keineswegs, die biblische Überlieferung beiseite zu stellen, um ein nur lebensfrohes Christenmahl zu installieren. Viel mehr stoßen wir bei unseren kritischen Schritten gerade auch auf biblische Traditionen, an denen die abendländische Christenheit oft vorbei gelebt hat.

Stellen wir den Satz: »Niemand hat größere Liebe denn die, dass er sein Leben lässt für seine Freunde« (Joh 15,13) ins Zentrum einer Abendmahlsfeier und verstehen wir diesen Satz – wie es das Neue Testament tut – in engem Zusammenhang mit den Erzählungen über die Freundschaftsmähler Jesu mit den Ausgegrenzten und Verlassenen einer »intakten« Gesellschaft, so hat ein Sündenbekenntnis, in dem ich mich als arm, elend und sündig erkläre, keinen Raum mehr. Wer zu einem solchen Mahl eingeladen wird, erfährt an solchem Tisch als erstes Achtung und Würde. Ferner wird er gesättigt, erlebt aber nicht nur, was Sattsein ist, sondern auch, was Sich-wohl-Fühlen heißt durch Speisen und Getränke, die nicht alltäglich sind. Wem das widerfährt, der/die ist dann eher glücklich als schuldbewusst.

In ein solches Mahl, das auf der Freundestradition aufbaut, gehört ein Bekenntnis oder ein Gebet des Glücks, der Dankbarkeit und der Befreiung für die Gottesfreundschaft und Gottesgemeinschaft. Dazu eine Reflexion, dass wir selbst immer wieder solche Ausgegrenzten, Kranke, Ohnmächtige sind, die nun Annahme, Heilung, Macht erfahren. Gerade für Frauen ist solch ein Prozess wichtig, da für viele – wie wir später noch sehen werden – Schuld zum Grundgefühl gehört und sie es oft schwer haben, sich als *»somebody«* zu fühlen, mit einem Körper, der richtig ist, mit einer Existenz, die gut, ganz und schön ist.

Die Aufgabe einer solchen Freundschaftsfeier ist, die Menschen aufzurichten, ihnen Selbst- und Gottvertrauen zu geben, sie in der Gemeinschaft aus Ängsten, Einsamkeit und Zerrissensein zu befreien.

Hingabe statt Opfer

Ein weiterer Schritt wäre, sich von den Resten des Opferdenkens zu befreien, die tief in christlichem Denken schlummern und, wie René Girard sagt, »unsere geheimsten Gehirnfalten verschmutzen«.[2] Ein Opfer setzt generell Schuld und Schaden voraus. Es entsteht durch Gewalt und bedeutet Lebens- und Blutverlust. Aus Opfervorstellungen entwickelt sich eher Opfermentalität als ein verantwortliches heilendes Handeln.

Girard hat gezeigt, dass die Evangelien nie von Opfer sprechen, »außer um sie auszuschließen«. Die Passion sei zwar in den Evangelien als ein Akt dargestellt, der den Leuten Heil bringen soll, nie aber als ein Opfer. Die »sakrifizielle Deutung der Passion« sei das »paradoxeste und kolossalste Missverständnis der ganzen Geschichte«.[3]

Opfervorstellungen haben sich aber in das christliche Leben und Denken eingeschlichen, teils weil sie gängigen religiösen Vorstellungen entsprachen, teils weil sie menschlichen Bedürfnissen nach einem Sündenbock, nach rituellen Lösungen von Konflikten entgegenkamen.

An die Stelle von »Opfer« können wir den zunächst ähnlich klingenden Begriff »Hingabe« setzen. Hingabe geschieht aber im Unterschied zum Opfer aus freien Stücken, ist mit Verantwortung und Liebe verbunden und an der Erhaltung des Lebens interessiert.

Von solcher Hingabe ist den Evangelien nach Jesu Leben geprägt, an dessen Ende erst der Tod steht. Wer sich im Abendmahlsgeschehen vom Opferdenken löst, kann Jesu Leben neu zu verstehen suchen als ein Leben der Hingabe. Jesus heilte, richtete auf, stellte Menschen in unmittelbare Gottesnähe und Gottesfreundschaft. Er tat aber nicht nur etwas, sondern gab sich mit seiner ganzen Person hinein in diesen Prozess, nicht aus Selbstnegierung und Opfermentalität sondern aus freier Liebe. Diese Botschaft, diese Freundschaftsgesten, die seine Person und Taten umfassen, waren aber in hohem Maße gesellschaftskritisch, weil sie die bestehenden Herrschaftsverhältnisse durcheinander brachten. Sie forderten den Zorn der Gesetzeswächter heraus, und das kostete ihm schließlich das Leben. Sein Tod war nicht seine Absicht gewesen, aber er war die Konsequenz seines Lebens.

Die Frage ist, ob wir dann überhaupt noch von »Opfer« sprechen können. Es wird immer wieder Opfer von Gewalt in ungerechten Verhältnissen geben, Opfer durch Gewalt, Tyrannei, die – mit Recht – ihr Opfersein in einem »Opfer« Christi sich spiegeln sehen.

Aus distanzierter Sicht kann auch weiterhin Jesu Tod selbst als Opfertod brutaler Machtverhältnisse gesehen werden. Doch diese Außensichten sollten nicht Innensichten werden.

Nach Hans Kessler können wir – wenn überhaupt – nur einen umgeprägten Opferbegriff im Christentum gebrauchen, der geprägt ist von Jesu totalem sich liebendem Hingeben an den Vater und an uns – ein Sich-Geben, das »aus Selbstbejahung erfolgt, nicht aus Selbstnegierung oder Opfersucht«.[4]

Solche Hingabe aus Selbstbestimmung kann ein Teil der Abendmahlsbotschaft werden, durch Geschichten und Texte verdeutlicht, und das sollte zu eigenem selbstbestimmtem und selbstverantwortlichem Leben herausfordern.

Nun ist Hingabe für viele Frauen kein Lockruf; Opfer und Hingabe sind häufig vermischt und sie sind in der feministischen Diskussion als passives, masochistisches Verhalten gegenüber sadistischer Herrschaft verurteilt worden. Das Kreuz, der gekreuzigte Jesus, die Kreuzestheologie wurden zu Exempeln religiöser Opfermentalität, die gerade Frauen anempfohlen worden war. Hier hat Feministische Theologie ihre stärkste theologische Angriffslust entfaltet, aber damit auch alle Verhaltensweisen wie Hinnahme, Ertragen, Leiden, Hingabe, Erdulden, Demut aus ihrem Sprach- und Denkbereich verbannt. Noch hält dieser Prozess an, doch es kommen auch nachdenkliche Stimmen, die Kreuz und Kreuzestheologie wieder für die eigene Existenz und für die Kreuze, die die Gesellschaft verursacht, in Anspruch nehmen.

Aus Jesu Tod brauchen Christen und Christinnen nicht Leidenslust, Sadomasochismus und Opfermentalität herauszulesen, sondern ein Lebensmodell von frei gewählter Hingabe ohne Selbstaufgabe.

Das könnte menschliches Leben gelassener und entschlossener machen.

Der Leben-gebende Leib Jesu

Ein weiteres Problem ist, wie nun der Leib Christi zu verstehen sei, der als Brot oder Oblate den Abendmahlsgästen gereicht wird, und der traditionell als der für uns gegebene, für uns gestorbene Todesleib verstanden wird. Sträuben sich an diesem Punkte nicht alle Versuche, das Abendmahl zu revitalisieren?

Tatsächlich scheinen die biblischen Abendmahlstexte die Todesbilder zu bestätigen. Doch ein genauer Blick ins Markusevangelium, das stets eine Quelle feministischer Neuentdeckungen war, zeigt noch etwas Anderes. Seine Deuteworte des Abendmahls, die die kargsten im Neuen Testament sind, lassen auch eine andere Interpretation zu. Es heißt dort:

»Nehmt, esst – das ist mein Leib.«
»Das ist mein Blut des neuen Bundes,
das für viele vergossen wird.«

Es fehlt also das für viele anstößige »zur Vergebung der Sünden«, das erst bei Matthäus dazukommt, und das »für euch«, das Lukas einfügt und das unsere Verantwortung für den Tod Jesu nahelegt. Es fehlen also zwei Elemente, aus denen sich das globale Sündenverständnis und der Gedanke des damit verbundenen Sühnetodes Jesu ableiten lassen und bis heute daraus zu hören sind. Im Kontext des Markusevangeliums bekommen die Deuteworte eine andere Beziehung:

Das Wort »Leib« wird zweimal für den Leib Jesu gebraucht: einmal, als die unbekannte Frau Jesu Leib mit kostbarer Salbe gesalbt hat, was man als Propheten-, Königs- und Totensalbung verstehen kann (Mk 14, 8), und Jesus dazu sagt, dass die Frau gekommen sei, um seinen Leib »zu seinem Begräbnis« zu salben. Ferner bei der Grablegung (Mk 15, 43). Von diesen beiden Erwähnungen her konnte sich die Vorstellung vom sterbenden, geopferten Leib entwickeln. Versteht man die Einsetzungsworte von diesen beiden Seiten her, so ergibt sich wirklich nur das Todesbild.

Doch das gleiche Wort »Leib« wird bei Markus auch für den Leib der Frau gebraucht, als sie Jesu Mantel (und das heißt ihn selbst, denn Stoff wird identisch mit Körper – Lev 15) angerührt hat und dadurch eine Dynamik, Kräfte an ihrem Leib spürte, dass sie von ihrer Plage gesund geworden war (Mk 5, 29). Hier ist Leib als ein gesundender, geheilter Leib verstanden. Indirekt ist nun in diesem Zusammenhang auch vom Leib Jesu die Rede, denn er »spürte« genau wie sie eine Dynamik, also eine Energie, die »von ihm ausging« (V. 30). Hier ist also an eine leibliche Kommunikation gedacht, die von einem höchst vitalen menschlichen Körper ausgeht und auf den kranken, an Blutverlust sterbenden Körper der Frau übergeht. Hier findet also ein Körper-Energie-Austausch statt, der den Leib Jesu noch in einer anderen Bedeutung als nur der eines sterbenden oder toten Leibes erscheinen lässt.

Vielleicht haben wir es hier mit einer hellenistischen Vorstellung von der körperlichen Wirkungsmacht des Thaumaturgen zu tun. Jedenfalls ist für Theologie und Theologen solche Körper-Wirkkraft Jesu erschreckend. In »schockierend körperhafter« Weise beschrieben – so hat Eduard Schweizer diese Szene empfunden[5], und auch schon die späteren Evangelien haben die Dynamik dieses Prozesses nicht mehr geschildert. Dass Jesu Leib auch ein heilender Leib war, wird in einer Christologie, die auf Tod und Auferstehung ausgerichtet ist, nicht mehr gesehen.

»Das ist mein Leib« – dieses Mahlwort bezieht sich also auch auf den heilenden, Leben-gebenden Leib Jesu. Das Abendmahl bei Markus erinnert also bewusst an sein somatisches Handeln. Erlösung geschieht danach nicht allein durch seinen Tod, sondern auch durch sein andere berührendes Leben.

Das zweite Deutewort bei Markus: »Das ist mein Blut des neuen Bundes, das für viele vergossen wird« zeigt, für wen Jesus sterben wird. Markus nennt sie die *polloi*, die Vielen. Das sind nach der Exegese des koreanischen Neutestamentlers und Befreiungstheologen Ahn Byung Mu nicht irgendwelche Leute.[6] *Polloi* ist auch nicht der Ausdruck für eine universalistische Menschheitsvorstellung, sondern es ist damit der *ochlos* (griech.), die Menge, gemeint, die Jesus folgte und ihm partnerschaftlich ergeben war. *Ochlos* umfasst die Sünder, Zöllner, Kranken, Aussätzigen, Prostituierten – alle, die Berufe haben oder in Situationen sind, die sie an den Rand der Gesellschaft gedrängt haben. »Sie waren Sünder, weil sie das Gesetz übertraten oder sich dem Gesetz nicht anpassen konnten. Von diesem Standpunkt aus waren soziale Sünde und religiöse Entfremdung in Wirklichkeit zwei Seiten ein- und derselben Münze.«[7] Für *sie,* diese Ausgegrenzten, ist Jesus nach Markus gekommen. Für diese Freunde hat er sein Leben gegeben. Nicht für die Sünder in unserem kirchlich-moralischen Missverständnis.

Diese beiden Beobachtungen in den markinischen Abendmahlsworten zeigen das Abendmahl bei Markus als Vergegenwärtigungsmahl der im gemeinsamen Essen wieder erlebten, Leben-gebenden Energie. Wie diese Energie die Frau vom Tod zum Leben zurückgebracht hat, so kann sie auch im Abendmahl Menschen wieder ihrer Körper sicher und gewiss machen.

Gemeint sind in diesem Freundschaftsmahl alle Ausgegrenzten. Das heißt für unsere Abendmahlsfeier, dass in ihnen an alle die erinnert werden soll, die gegenwärtig sozial, ökonomisch, psychisch in den Schatten geraten sind, z. B. Alleinerziehende, Suchtkranke, Arbeitslose, Alte, Asylanten. Gemeint sind aber auch alle, die in sich etwas ausgrenzen, was zu ihrer ganzen Persönlichkeit gehört: Frauen häufig ihr Denkvermögen, Männer eher ihre Gefühle. Abendmahlsfeiern könnten uns mit dem ganzen, konfliktreichen, gegenwärtigen Leben wieder in Berührung bringen.

Theogustie – Gott schmecken

Ein letzter schöner Schritt wäre, das Abendmahl wieder sinnlich erlebbar zu machen. Dafür wäre es hilfreich, die in eine sakrifizielle Ecke geratene Feier wieder in Zusammenhang mit den vielen Mahlzeiten zu sehen, die Jesus mit den verschiedensten Menschen, in großen und kleinen Gruppen, einnahm. Und diese Mahlzeiten waren nicht nur sättigend, sondern brachten auch Genuss. Sie schmeckten gut. Nicht nur das Leben-erhaltende Brot, auch Fisch, Kräuter, Lamm, Wein und vermutlich viele andere gute Dinge gehörten dazu. Es waren Alltagserfahrungen, die mit dem Gefühl von Glück, Befriedigung, Lust, vitaler Stärkung verbunden waren.

Nicht jede unserer Mahlzeiten ist ein Abendmahl. Aber in jeder Mahlzeit kann sich etwas vom Abendmahl solcher Art spiegeln. Heinrich Böll sprach von der sakramentalen Tasse Tee, und Frauen fragen, ob nicht der Küchentisch der geeignete Ort fürs Abendmahl wäre. Der Tisch, an dem Frauen die unzähligen, Lebenerhaltenden und Leben lustvoll machenden Mahlzeiten zubereiten.[8]

Die Frage ist, wie wir Brot und Wein, Oblate und Saft wieder so schmackhaft machen oder schmackhaft vermitteln können, dass wir schmecken und sehen können, wie freundschaftlich Gott ist. Denn mit den Elementen geht Gottes Leben, die Lebenskraft, der Lebensmut in unsere Körper ein. Ich möchte deshalb von einer heiligen Materialität sprechen, durch die unsere unsicheren, zerrissenen, missbrauchten Körper wieder Annahme, Zuwendung und Gemeinschaft spüren können. Allerdings verstehe ich nicht die im Sinne einer Transsubstantiation gewandelten Elemente als heilig. Heilig sind sie nur, sofern sie mit allen Sinnen und mit unserer ganzen Person aufgenommen werden und uns zurück in Gesellschaft und Alltag begleiten.

Wie sinnlich und sinnvoll wir Abendmahl aufnehmen, wirft auch ein Licht auf unsere Essgewohnheiten und unser Körperverständnis. Dient das Essen gerade mal der Erhaltung der Leistungskraft, wird kaum etwas Heiliges dabei entdeckt werden können. Ist der Körper das Vehikel, das pflichtgemäß gesund erhalten wird, wird keine Transzendenz beim Essen sichtbar werden.

Die Medizinsoziologin Jutta Anna Kleber hat diesen Bruch zwischen zwei unterschiedlichen Konzepten von Körper und Essen sehr schön an Augustin und Hildegard von Bingen deutlich gemacht.[9]

Bei Augustin dient die Nahrung des Körpers ausschließlich seiner Erhaltung. Essen ist notwendig und

Christenpflicht. Fasten und Enthaltsamkeit dürfen die Gesundheit nicht gefährden. Aber die Weisheit des Essens ist bei ihm nicht auf das Gleichgewicht Körper-Seele-Geist ausgerichtet, sondern auf die Emanzipation des Geistes vom Körper. Damit hat er das Abendland und seine Beziehung zum Körperlichen grundlegend geprägt.

Nahrung dient letzten Endes nicht der Ausstattung des Leibes, sondern der inneren Ausstattung der Seele. Der Körper bleibt die Basis zwar für Erkenntnis und Ekstase, aber Erkenntnis und Ekstase haben eine körperverlassende, transzendierende Tendenz.

Anders Hildegard von Bingen, für die die irdische Gesundheit das Zentrum des Lebens ist, in dem allein die Numinosität des Heiligen erfahren wird. Nach ihrer Sicht transformiert die stoffliche Beschaffenheit der Lebensmittel den grobstofflichen Körper in den feinstofflichen Leib. Essen und Trinken führen bei ihr den Körper direkt auf den Weg zu Gott. Die religiöse Ekstase ist dann »das Heraustreten aus dem Alltagsbezug der Spaltung in den Urgrund der Einheit, also ein Erlebensprozess in den Körper hinein«, während bei Augustin genau die körperverlassende Tendenz die Ekstase prägt und die Spaltung auf einen Höhepunkt zutreibt. Gibt es bei Augustin durch Essen ständig eine Gefahr für den Vergeistigungsprozess des Menschen, so sind Essen und Trinken bei Hildegard »ein Katalysator des Geistigen«. Zeigt sich bei Augustin Hass auf Körper und Stofflichkeit, so hat Hildegard die Vision einer wiederzugewinnenden Einheit von Geist und Körper im Menschen.

Kleber untersucht bei beiden auch ihre Abendmahlsvorstellung und kommt zu dem Schluss:

»Während bei Augustin die Transsubstantiation in der Eucharistie immer wieder punktuell die grobstoffliche Körperlichkeit des Menschen transzendiert, bewirkt bei Hildegard die Ernährung einen kontinuierlichen Lebensprozess der Transformation, also der Verfeinerung und

Subtilisierung der Körperenergie im Hinblick auf die wiedererreichbare Reinheit des paradiesischen Leibes.«[10]

Hildegards Weg wurde nicht der Weg des Abendlandes. Er könnte es aber wieder werden, indem wir heute den alten spaltenden Hass auf Körper und Materie überwinden, in ihnen Gott und Göttliches wiederentdecken und das Abendmahl feiern als einen Ort, wo unsere bedrohten Körper und die gefährdete Schöpfung wieder wahrgenommen und in ihrer Heiligkeit erlebt werden. Dies wäre der Weg zu einem sakramentalen Weltverständnis, wie es McFague vorschwebt (S. 39).

In Brot und Wein können wir Gott schmecken – Theogustie, wie Kurt Marti gesagt hat [11] – und die Hoffnung auf diese Erde gegen alle apokalyptischen Voraussagen lebendig halten.

Erleben wir das Abendmahl sinnlich, verändern sich die kargen Elemente, wird unser beiseitegestellter Körper liebenswert, wird die Erde wieder unsere Heimat und die Schöpfung der Ort unseres Engagements. Im Abendmahl rückt uns die Freundschaft mit Gott hautnah auf den Leib – befreiend und uns herausfordernd.

Doch was hindert Menschen daran, Gott zu schmecken und mit allen Sinnen zu erfahren?

Ein neues Nachdenken über das, was Sünde ist, drängt sich an dieser Stelle auf.

Trennung von Gott und Güte

Diffuse Vorstellungen von Sünde begleiten und lähmen die Christenheit, verschaffen aber manchen Kirchen und Theologien die Legitimation ihrer Existenz. Doch viele Menschen fühlen sich überflutet von der Rede von Sünde und Schuld, sind müde der von allen Seiten kommenden Rufe nach Schuldbekenntnissen und erleben diese sich ausbreitende »Schuldanmaßung« (Margarete Mitscherlich) als christliche Arroganz, die sogar erpresserisch werden kann. Ungehindert halten Theologie und Kirchen aber an der fatalen und unbiblischen Erbsündenlehre fest, die einst dazu diente, Staats- und Kirchenkontrolle über die ohnmächtig gedachte Menschheit zu rechtfertigen.

Wie lässt sich angesichts der Freundschaft Gottes, die die Bibel uns zusagt, solche Schuldkultur noch aufrechterhalten?

Wie sieht Sünde aus, wenn Jesus nicht mehr für unsere Sünden starb, sondern für seine Freunde sein Leben aus Freundschaft gab?

Wie kann das, was so lange mit dem Wort »Sünde« belastet war, und das meinte die Beziehung zu Gott, nun unter dem Aspekt der Gottesfreundschaft gesehen werden?

Ich möchte das Wort »Sünde« ersetzen durch die Worte »Trennung von Gott und Güte«. Darin liegt für mich enthalten, dass Menschen sich moralisch und willentlich von Gott trennen können, aber auch durch Schicksal, Verhängnis, Krankheit aus der Erfahrung von Güte und Wohlsein herausfallen. Wichtig ist auf jeden Fall, dass wir unseren individualistisch verengten Sündenbegriff aufgeben und das Verkehrte unseres Lebens als ein Heraustreten aus der Schöpfungsgemeinschaft sehen, das für die Einzelnen einen Verlust von Ganzheit bedeutet. Ganzheit ist jedoch nicht als Perfektion, sondern dynamisch zu verstehen: »Sich an allen Ecken wundstoßen und ganz bleiben« (Rose Ausländer).

Auch in der Feministischen Theologie tappt frau immer wieder in die Sündenfalle, hat unklare Konzepte von Ganzheit oder attackiert sie gar. Ich selbst möchte aber von dem mich überzeugenden Ansatz von Ganzheit ausgehen und aus den Ansätzen der Frauenerfahrung Wege aus der Schuldkultur aufzeigen.

Frauenerfahrungen

Frauen haben gerade in den letzten Jahren begonnen, globale und pauschale Sündenbekenntnisse kritisch zu sehen. Letztere verzerren die Beziehung, die sie zu Gott und dem Göttlichen entdeckt haben und widersprechen ihrem neu erwachten Selbstverständnis. Aber Frauen sehen sich nicht einfach als heil und ganz an – so ist es ihnen von männlicher Seite zuweilen vorgeworfen worden. Im Gegenteil: Frauen haben eine hohe Sensibilität für ihr Schuldig-Sein. Doch wie sieht das aus?

Für viele Frauen ist – nach Aussagen der Psychologin einer städtischen Nervenklinik – »Schuldgefühl das Grundübel weiblichen Daseins«. Weit mehr als Männer entschuldigen sie sich, erklären, bitten um Verständnis, suchen die Ursachen allen Übels zunächst bei sich selbst. »Schon in frühen Kindheitsjahren lernte ich das Gefühl der Schuld kennen«, berichtete eine Frau. »Ich kam mir so schuldig vor, wenn ich mich gewehrt hatte. Ich glaube, ich war als Mädchen in der Pubertät unheimlich zäh in meinem Widerstand.« Luise Rinser erinnert sich: »Die ganze Erziehung zielte darauf, mich still und gefügig zu machen, klein zu halten, immerzu ein nicht in Worte zu fassendes

Schuldgefühl zu haben, immer um Verzeihung bitten zu müssen.«[1]

Weibliche Existenz in ihrem Vernetzt- und Bezogensein ist fast schicksalhaft darauf angelegt, verantwortlich zu sein für andere Existenzen. Da sind die Kinder, deren Erfolg oder deren Fortkommen im Leben oder deren Versagen man den Müttern in die Schuhe schiebt. Allerdings lieber bei Misserfolg als beim Gelingen! Da sind die alten Eltern, vor allem die alte Mutter, für die noch allzu oft die Tochter die verantwortliche Bezugs- und Pflegeperson ist, während zwischen Söhnen und alten Eltern nie dieses Verpflichtungsgefühl vorherrscht. Und es gibt auch immer noch Männer, für die die Frau die »Sündenziege« ist für alles, was zu Hause nicht funktioniert.

Dieses diffuse Verantwortungs- und Schuldgefühl kann sich dann häufig in Arbeitszusammenhängen und innerhalb von Gruppen wiederholen.

Trifft dieses Schuldgefühl mit kirchlichen Normen zusammen, so kann es sich verstärken. Weibliches Schuldgefühl und kirchliches Sündenbekenntnis können sich in fataler Weise verquicken und haben nicht selten zu neurotischem, selbstquälerischem Verhalten geführt. Eine Frau schrieb mir kürzlich:

»Von Kind an (Jahrgang 1940) leide ich an dem Thema: dass Jesus für meine Sünden – meine Schuld – gestorben ist. Ich habe mich damals mit dieser Aussage der Kirche völlig identifiziert und es schließlich als meine ›ureigenste Kindes-Schuld‹ erlebt und (im Alter von 5–6 Jahren) angenommen. Ich suchte meine Schuld, vermischte meine Unfolgsamkeiten damit und sah diese u.a. als Ursache. Aus meinem Gefühl wuchs damit die Schlussfolgerung: mein Dasein ist nicht recht, oder meine Schuld war (ist) mein Dasein.

Ich habe Theologie ›gelernt‹, ich habe inzwischen auch ›erwachsene Antworten‹ bekommen, aber für das Kind in mir und für die Schulkinder sind die Kreuzesaussagen in ihrer Formulierung, in ihrem Gehalt und in ihrer Bedrohlichkeit geblieben, vor allem in der Liturgie, im Gebet und im Lied, z. B. O Haupt voll Blut und Wunden, 4. Strophe: »Was du, Herr, hast erduldet, ist alles meine Last; ich, ich hab es verschuldet, was du getragen hast. Schau her, hier steh ich Armer, der Zorn verdienet hat; gib mir, o mein Erbarmer, den Anblick deiner Gnad.«

Wie sieht für Frauen, die zu einem neuen Selbstwertgefühl kommen, Schuld und Sünde aus? Wie kommen sie aus dem fatalen Zirkel heraus, sich immer wieder schuldig zu fühlen? Wie machen sie sich frei von kirchlichen Normen, die an ihrem Leben scheinbar vorbeigehen?

Viele männliche Sündenbegriffe gehen davon aus, dass Menschen sein wollen wie Gott. Hybris / Überheblichkeit ist eine der gängigsten Definitionen von Sünde. Dahinter steckt ein Verständnis von Gott und Göttlichkeit, dem Menschen niemals genügen können, das sie aber auch niemals erreichen dürfen.

Gott kann als das absolut Wahre und Gute verstanden werden, dem Menschen niemals entsprechen können.

Gott und seine Gebote können als so unerfüllbar gelten, dass Menschen nur als ungehorsam erscheinen.

Gott kann in so grundsätzlichem Gegensatz zum Menschen geglaubt werden, dass Selbstseinwollen, Selbsterlösung, Selbstliebe zur Grundsünde werden.

Mit solchen theologischen Sündenvorstellungen haben Frauen zunehmend Schwierigkeiten, Frauen, die angefangen haben zu erkennen, dass sie gar nicht sein wollen wie Gott, da sie ja nicht mal sie selbst sein können! Frauen, die anfangen, sich selbst zu lieben und für die Selbstliebe wichtig ist, um sich selbst zu akzeptieren.

Aus feministischer Sicht ist Sünde also genau das Umgekehrte von hybrider Selbstanmaßung. Verkehrt und im Widerspruch zu Gott als Freund ist, dass Frauen sich klein und unsichtbar machen, dass sie sich nicht zu der von Gott gewollten Größe und Ganzheit aufrichten, dass sie sich nicht nur nicht lieben, sondern auch hassen, dass sie nicht die Schöpfung verwirklichen, die Gott in ihnen angelegt hat, dass sie nicht in Freundschaft mit Gott leben.

Als erste hat von dieser unterschiedlichen weiblichen Sünde eine Amerikanerin, Valerie Saiving Goldstein, etwas gespürt, als sie 1962 schrieb: »Die spezifisch weiblichen Formen der Sünde … haben eine Beschaffenheit, die niemals mit den Begriffen wie Stolz und Machtstreben umschrieben werden kann. Man kann sie sich besser vorstellen, wenn man von Trivialität, Ablenkbarkeit, Weitschweifigkeit, Unkonzentriertheit und Abhängigkeit von anderen in der eigenen Selbstbestimmung spricht, von Toleranz auf Kosten des Niveaus, von der Unfähigkeit, die Grenzen des privaten Bereichs zu respektieren, von Sentimentalität, Klatschsucht und dem Misstrauen gegen den Verstand, kurz von der Unterentwicklung oder Negation des Ichs.«[2]

Die Frau kann ein »Nichts werden, fast eine Null, ohne Wert für sich selbst, für ihre Mitmenschen oder vielleicht sogar für Gott« (Valerie Saiving Goldstein).

Ich möchte diesen Ansatz weiter entwickeln und von einem ganzheitlichen Menschenbild ausgehen, das nicht grundsätzlich und ewig geschädigt ist, wie es die Lehre von der Erbsünde, wie es die Rede von der »gefallenen Schöpfung« und wie es auch die immer wieder anzutreffende Wendung von der »unverdienten Gnade« aussagt.[3] Sünde ist Beziehungsstörung, in der sich der Verlust der Ganzheit, die Beschädigung unseres Ganzseins zeigt. Wir sind nicht »ganz« in unserer Person. Wir sind nicht ungeteilt und unzerrissen in unserem Verhältnis zur Natur und zur Welt. Was als ganz, heil, gerecht, offen, beziehungsreich angelegt war, ist pervertiert, verkümmert, verdreht. Menschen grenzen etwas aus, was zu ihnen als ganzer, guter Schöpfung Gottes gehört. Frauen vergessen ihr Selbst, entfalten oft nur ängstlich oder mühsam ihre ganze Persönlichkeit. Sie erleben sich immer wieder als zerrissen in viele Teile. Männer neigen eher zum überzogenen Selbstgefühl, zur Hybris. Sie strapazieren ihre vermeintliche Ganzheit, nutzen sie aus, missbrauchen sie.

Was für viele Frauen heute ihre »Sünde« ist, hat eine schwedische Frau in einem eindrücklichen »Sündenbekenntnis« aufgezeigt. Sie schreibt:

> Gibt es nicht manchmal andere Sünden
> zu bekennen als die,
> welche wir den Menschen aufgeschwatzt haben?
> Christus, ich bekenne vor dir,
> dass ich keinen Glauben
> an meine eigenen Möglichkeiten gehabt habe.
> Dass ich in Gedanken, Worten und Taten
> Verachtung für mich und für mein Können
> gezeigt habe.
> Ich habe mich selbst nicht gleichviel geliebt
> wie die andern, nicht meinen Körper,
> nicht mein Aussehen,
> nicht meine Talente, nicht meine eigene Art zu sein.
> Ich habe andere mein Leben steuern lassen.
> Ich habe mich verachten und misshandeln lassen.
> Ich habe mehr auf das Urteil anderer vertraut
> als auf mein eigenes,
> und ich habe zugelassen, dass Menschen gleichgültig
> und bösartig mir gegenüber gewesen sind,
> ohne ihnen Einhalt zu gebieten.
>
> Ich bekenne,
> dass ich mich nicht im Maße meiner vollen Fähigkeiten
> entwickelt habe,
> dass ich zu feige gewesen bin,
> um in einer gerechten Sache Streit zu wagen,
> dass ich mich gewunden habe,
> um Auseinandersetzungen zu vermeiden.

Ich bekenne,
dass ich nicht gewagt habe zu zeigen,
wie tüchtig ich bin,
nicht gewagt habe, so tüchtig zu sein,
wie ich es wirklich sein kann.
Gott, unser Vater und Schöpfer,
Jesus, mein Bruder und Erlöser,
Geist, unsere Mutter und Trösterin,
vergib mir meine Selbstverachtung,
richte mich auf, gib mir Glauben an mich selbst
und Liebe zu mir selbst.

Lena Malmgren

»Sünde« ist hier also mangelnde Selbstliebe und ist Selbstverachtung. Selbstliebe und Selbstachtung sind aber genau das, was in manchen kirchlichen Sündenbekenntnissen bis heute als gottlose Selbstsucht angeprangert wird. Die Schwedin aber entdeckt Frauen in ihrer verschütteten Gotteskindschaft und Gottesfreundschaft. Sie entdeckt ihr mangelndes Selbstgefühl, ihre Unfähigkeit, ihre Fähigkeiten zu entfalten, ihren Körper zu sehen, widerständig gegen Ungerechtigkeit zu werden, streitunlustig für eine gute Sache gewesen zu sein. Selbstlos, still, bescheiden, friedenssüchtig, harmonieversessen, angepasst – das sind die weiblichen Sünden, die für viele allzulange weibliche Tugenden waren. Im Hintergrund dieses neuen Sündenbekenntnisses steht nicht eine Theorie von allgemeiner Erbsünde, sondern die Vorstellung von einer Schöpfung Frau, die jetzt erst das Licht der Welt erblickt.

Zu fragen ist allerdings, ob dieses »Sündenbekenntnis« nicht wieder in die alte Schuldfalle tappt und sich an einem Vollkommenheitsideal orientiert, hinter dem ein absoluter göttlicher Anspruch steht: Diesmal wäre es das Ideal einer stets widerständigen, aufbegehrenden, unangepassten, unter dem Leistungsdruck einer neuen Moral stehenden Frau. Hilfreicher wäre es, von einer Ganzheit des Menschen auszugehen, die alle Unvollkommenheiten, Schäden und Sehnsüchte einschließt, und aus solcher unvollkommenen Ganzheit heraus mit Gott wie mit einem Freund/einer Freundin zu sprechen.

Mittäterschaft

Nach den ersten Aufbrüchen zu einer neuen Selbstbesinnung haben sich kritische Stimmen von Feministinnen erhoben, die sagen, dass viele Frauen mit ihrer neuen Selbstsicht in Egozentrik und Individualismen stecken blieben und die politischen Dimensionen der Frauenunterdrückung vergäßen. Der Suche nach Ganzheit und Weiblichkeit wurde misstraut, da sie von der politischen und gesellschaftlichen Mittäterschaft von Frauen ablenke. Mittäterschaft meint, dass es eine Interessenverquickung in den zivilisierten Patriarchaten gibt, damit Frauen Männer nicht verraten, bekämpfen oder in ihren Taten behindern. »Wir sind zu Mittätern geworden«, schreibt Christina Thürmer-Rohr, »wenn wir uns den Ergänzungsideen gefügt ... haben; wenn Frauen das männliche Individuum stützen und abschirmen, indem sie ihre Ressorts – speziell die des Hauses, des ›sozialen Gedankens‹ und der ›Menschlichkeit‹ – so strukturieren, dass der Mann für seine Taten freigesetzt wird.« Solche Mittäter waren Frauen im Dritten Reich, in der kolonialen Ausbeutung und sind es in der gegenwärtigen Umweltzerstörung. Frauen sind nicht einfach Opfer patriarchaler Macht. Es geht für Thürmer-Rohr nicht, dass Frauen »sinnstiftend« leben, Seelsorge und Sozialarbeit treiben, aus spirituellem oder mystischem Gedankengut sich Fetzen zusammensammeln, in der Weltgeschichte »herumklauen« auf der Suche nach Identifikationen, sich an starken Frauen der Vergangenheit orientieren. Weiblichkeit ist »kolonialisiert«, ist keine utopische Alternative des Gesellschaftlichen. Diese patriarchale Kolonisation sitzt wie ein Eiterherd in unseren Köpfen. »Ihn erkennen, unschädlich machen und sehen, wie es sich ohne ihn lebt, ist eine gute Vorstellung.« Es kommt für sie darauf an, »stolz und hoffnungs-los« zu leben, Glaube, Liebe, Hoffnung den Abschied zu geben, aber auf das Leben, das uns bleibt, sich zu konzentrieren. »Wenn Frauen endlich zu Nihilistinnen in diesem Sinne würden, wäre es eine revolutionäre Tat.« Von der Täuschung muss der Weg zur Ent-täuschung führen.[4]

Für manche feministischen Theologinnen liegt in diesem existenzialistischen Nihilismus ein Stück Faszination: Die Radikalität urchristlichen Umsturzes begegnet hier wieder. Jeder Kompromiss ist gottlos. In solchem Zusammenhang kann Hedwig Meyer-Wilmes von »Rebellion auf der Grenze« schreiben. »Ort-los, Utopie-los« heißt für andere die Devise, ein Ausharren im kompromisslosen und kritischen Protest – das scheint der einzige Weg zu sein.

An diesem Konzept der »Mittäterschaft« hat Christa Mulack harsche Kritik geübt. »… und wieder fühle ich mich schuldig« – mit diesem Buchtitel weist sie auf die nun gerade von Feministinnen kommenden neuen Schuldzuweisungen auf Frauen hin.[5] Diese Schuldzuweisungen seien letzten Endes frauenverachtend und nur auf dem protestantischen Hintergrund von Schuldkultur zu verstehen. Mulack lehnt nun keineswegs Schuld als solche ab. Im Gegenteil: Schulderkenntnis gehört für sie zur Reife eines Menschen. Doch die Voraussetzungen, die mit der »Mittäterschaft« zu den jetzt erhobenen Schuldzuweisungen führten, stimmen für sie nicht. Diese Schuldzuweisungen stammen aus einer patriarchalen Rechts- und Sittengemeinschaft, ohne das damalige Wertesystem von Frauen zu berücksichtigen. Sie gehen ferner von einer Entscheidungsfreiheit aus, die Frauen in der Vergangenheit oft gar nicht hatten. Berücksichtigt werden muss auch, dass Frauen bei eigenständigem Denken und Handeln häufig als unnormal eingeschätzt wurden und dieser alte Schuldvorwurf nun nicht umgedreht und gegen sie eingesetzt werden könne. »Der Preis für unsere Schuldfähigkeit wäre demnach die Verdrängung unserer Unangepasstheit, die Frauen aber andererseits zum Vorwurf gemacht wird.«

Voraussetzungen für Schuldzuweisungen sind für sie:

die Möglichkeit der Einsicht in die Ungerechtigkeit bestimmter Verhältnisse,

die Möglichkeit und Fähigkeit, auch ohne diese leben zu können,

die Freiheit und Macht, diese zu verändern.

Nur wo die Nachweispflicht für diese drei Voraussetzungen angetreten ist, darf überhaupt von Schuld bei Frauen gesprochen werden. Andernfalls haben Schuldzuweisungen nicht das Ziel von Emanzipation und Ganzheit, sondern geht es in ihnen »schlichtweg um altbekannte Frauenfeindlichkeit«.

Mulack will also Frauen nicht reinwaschen, aber sie fordert eine größere Sensibilität für Frauen in ihrer Eigenart und in ihrer Geschichte. Die Beteiligung von Frauen an Untaten des Dritten Reiches, an Ausbeutung der Dritten Welt, an Umweltzerstörung muss spezifischer dargestellt und gesehen werden. Es wäre zu simpel, Frauen als gleichberechtigt mitschuldig abzustempeln.

Für mich ist Mulacks Ansatz einmal wichtig, weil er von Frauen selbst ausgeht, ihren Anteil am Weltgeschehen neu in den Blick zu bekommen versucht, ohne sich aus der Geschichte herauszustehlen und in einem mystischen Winkel zu verkriechen.

Als Zweites ist mir Mulacks zentrale Kritik an der protestantischen Schuldkultur wichtig. Hier werden Frauen wieder unsichtbar gemacht. Hier wird nivelliert und an falscher Stelle Gleichberechtigung geübt.

Zu Thürmer-Rohrs Konzept von Mittäterschaft ist ferner anzumerken, dass hier ein Pfad für Frauen aufgezeigt wird – auf der Grenze, im Nichts, in der Ent-täuschung, hoffnungs-los dazustehen –, der mir ebenso steil wie elitär scheint. Er mag für Pionierinnen, Einzelkämpferinnen typisch sein. Für Intellektuelle muss dies eine Herausforderung sein, aber auch nicht mehr. Es ist ein Spiel mit Gedanken, mit Revolutionen, mit Weltveränderungen, die dann doch zusammenbrechen, wie wir sie in unserer deutschen Geschichte schon immer wieder erlebt haben. Es ist kein Weg für Frauen, die im Alltag um ihr Selbstsein, ihr Eigenständigsein und um ihre Unabhängigkeit kämpfen. Es ist kein Weg in die Realität, wo es legitime Kompromisse und erlaubte Rückzüge gibt. Es ist kein Weg der Heilung und des Heilwerdens.

So sind auch die spirituellen Begleitungen für diesen Weg nicht gerade ermutigend. Christine Schaumberger schreibt, dass sie sich lieber als »Monster« denn als »gut, ganz und schön« sehen möchte – mein Vorschlag für Frauen, sich selbst mit allem Negativen und Positiven zu lieben und anzunehmen.[6]

Ein Großteil der scharf analysierenden feministisch-theologischen Frauenentwürfe bleibt deshalb auch eher in Verlegenheit stecken, wenn es darum geht, Heilendes aufzuzeigen. So sind z. B. die Analysen über Körpermissachtung im Patriarchat umfassend und treffend, doch wie ein befreiter Körper aussieht, wie er sich darstellt und agiert – das bleibt fast immer offen, da Frauen die Kunst der Enttarnung, aber kaum die des positiven Denkens gelernt haben. Wir stoßen hier auf ein Dilemma Feministischer Theologie, das zugleich das Dilemma gegenwärtiger Theologie ist: stark und überzeugend in der Analyse zu sein, also in der Schuldkultur sich zu profilieren, aber kaum Sprache für Wege aus dem Verhängnis zu finden. Die Schuldkultur hat auch ihre tiefen Wurzeln in die Feministische Theologie gesenkt. Wie kommen wir da heraus?

Wie finden wir in überzeugender Weise Glaube, Liebe, Hoffnung wieder, die abhanden gekommen sind?

Wie finden wir Worte, die berühren, Gedanken, die

Ganzheit ansprechen und die Frauen auf eigenen Wegen begleiten?

Wie kommen wir aus dem Existenzialismus-Denken zu einem Denken in Prozessen, das unserer Lebenswirklichkeit entspricht und die gesellschaftlichen Prozesse mit in unsere Verantwortung einschließt?

Wo Frauen Ganzheit, Körper und Eigensein entdecken, bleiben sie ja keineswegs im individuellen Zirkel stecken. Die Ganzheit, die entdeckt wird, hat ihre kosmische Seite; die Sinne, die im Körper wieder lebendig werden, entwickeln politische Sensibilität; sie berühren unser sinnenhaftes Gewissen. Unser Eigensein weckt die Sensibilität für die vielen kaum wahrgenommenen Minderheiten. Das Private ist auch das Politische!

Vergebung und Heilung

Ich möchte zunächst noch einmal fragen, was Sünde und grundsätzliche Unheilserfahrung in der Feministischen Theologie ist. Es ist die Unterdrückung des einen Geschlechts durch das andere, der Sexismus, der viele Parallelen und Konsequenzen hat, die sich in anderen Unterdrückungen zeigen: Rassismus, Klassenkampf. Dieser »Sünde« korrespondiert die Vorstellung von einer gerechten Welt.

Solchen Vorstellungen aus dem gesellschaftlichen Raum gilt die Leidenschaft der Feministischen Theologie. Es sind Bilder einer heilen Gemeinschaft, wie sie nur allzu oft von einem Christentum, das Frauen, Arme, nichtweiße Rassen in ihrer Würde und Selbstbestimmung nicht sah, vergessen wurden. Es sind Vorstellungen mit hohen moralischen Ansprüchen, die sich oft in moralischen Appellen niederschlagen. Es sind Vorstellungen, die einen hohen Erwartungsgrad an die Veränderbarkeit von Menschen und Gesellschaften haben.

Doch nach zwanzig Jahren bewegter Feministischer Theologie kommen mir Fragen, wie weit dieses hohe, gesellschaftliche und moralische Konzept in allen Lebensfragen und Lebensbereichen trägt. Es fällt auf, dass die Einzelne keine Rolle spielt, dass Frauen als Kollektiv gesehen werden, aber der Blick auf die Individualität entfällt. Wie verhalten sich Eigenstand und Solidarität zueinander? Ist nicht weibliches Eigensein übersehen worden, aber spielt es nicht eine immens wichtige Rolle im Prozess feministischer Bewegung? Was ist eine Bewegung ohne die Individuen?

Es fällt weiter auf, dass jedes Frauenleben auch noch von anderen Unheilserfahrungen als Sexismus und Ungerechtigkeit geprägt ist. Was bedeuten Krankheit und Tod? Als Valerie Saiving (Goldstein) auf diese Fragen angesichts eigener Krankheit stieß, schlug sie mehr Begleitung von Frauen, mehr soziale Hilfen vor.[7] Doch genügt diese soziale Lösung?

Eine todkranke feministische Theologin fragte zuletzt: »Was nützt mir die Feministische Theologie jetzt?« und ihre Reaktion war sehr ernüchternd: »Einen Dreck!«

Ich meine, dass individuelle Unheils- und Ohnmachtserfahrungen von Frauen hineingehören in unsere Erfahrungen von Ungerechtigkeit und Sünde. Andernfalls könnten wir dem Irrtum verfallen, alles sei gesellschaftlich machbar. Krankheit, Schmerz, Einsamkeit, Tod sind Erfahrungen, die Frauenleben begleiten werden, auch wenn wir der gesellschaftlichen Utopie ein Stück näher kommen. Das immanente Denken der Feministischen Theologie ist ein faszinierender Motor, der uns und unsere Wirklichkeit erfasst und erleuchtet. Doch diese Dynamik ist nur tragend, wenn sie den Schuss Erwartung mit sich führt, der über unser gesellschaftliches Dasein hinausreicht.

Das heißt nicht, dass wir aus den sozialen und politischen Begriffs- und Vorstellungswelten der Feministischen Theologie aussteigen sollten. Aber wir sollten sie erweitern um Dimensionen weiblichen menschlichen Lebens, die zu unserer Ganzheit dazugehören. In unserem Engagement für Gerechtigkeit können wir unsere Begrenztheit und Verstricktheit erkennen, um Illusionen vom machbaren Glück zu entkommen. Wir müssen unsere Krankheit erkennen, die uns unsern Körper wieder bewusst macht. Wir werden Leid und Leiden nicht verdrängen können. Scheitern und Ohnmacht können wir nicht aus unserem Leben ausschließen und nicht nur »Sexismus« dafür verantwortlich machen.

Wir können zugleich aber auch unsere Körper entdecken, sie lieben, erfahren als Freundin, als Energiefeld ungeheuren Ausmaßes, als Ort unseres Denkens und Begreifens. Wir werden auch den individuellen Sinn unseres Lebens wieder suchen lernen. Und wir können über den Tod hinaus hoffen. Unser westlich selbstreflektierendes Bewusstsein, das geprägt ist vom Sünde-Schuld-Denken, öffnet sich dann für viele andere Lebensvorstellungen.

Auch Frauengemeinschaft, Frauensolidarität sind noch kaum in ihren energetischen Potentialen ausgekostete Möglichkeiten; sie können mehr Leben vermitteln, als wir es bisher ahnen und praktizieren.

Sehen wir in die neutestamentlichen Frauentraditionen zurück, so bestätigt sich die Sicht von der Vielfalt der Unheilserfahrungen, aus der Frauen kommen, um befreit, geheilt, ermutigt daraus hervorzugehen. Die Depression und die Aufrichtung einer Frau macht uns die Erzählung von der gekrümmten Frau deutlich. Sozial, physisch, ja ökonomisch ausgegrenzt zu sein, schildert die Episode mit der blutenden Frau. Geheilt und sozial integriert kann sie davongehen. Die Ohnmachtserfahrungen eines Mädchens, das von seinen Eltern nicht freikommt und das zu einem eigenen Leben erwacht, schildert die Geschichte der Jairustochter. Die Ehebrecherin wird freigesprochen und in ein neues Leben geschickt.

»Sünde« ist im Neuen Testament die Trennung von Gott und Güte, und sie zeigt sich in vielen verschiedenen Phänomenen wie Ohnmacht, Depression, physischer Krankheit. Sie zeigt sich in Angst und Einsamkeit. Sie bedeutet Trennung vom guten Leben, von Menschen, von Gott. Diese Sünde wird im Neuen Testament aber nicht vergeben – sie wird geheilt.

Erich Fromm hat vorgeschlagen, den westlich abendländischen Zirkel von Sünde-Vergebung zu durchbrechen und besser von Krankheit und Heilung zu sprechen.[8] Angesichts eines verengten Sünde-Vergebungs-Denkens, das begleitet sein kann von kirchlichen Machtansprüchen und zu moralistischen Missverständnissen geführt hat, scheinen mir Krankheit-Heilung ein treffendes Bild als Antwort auf gegenwärtige Unheilserfahrungen zu sein – gerade auch von Frauen. Dieses Bild macht nicht verantwortungslos und unmündig, denn Heilung ist ein Prozess, der im Kranken selbst beginnt, der einen Weg einleitet, der sie in eine größere Weite führt, die mehr ist als physische individuelle Gesundheit. »Geh hin in Shalom«, sagt Jesus zu der geheilten Frau, und das meint, in eine Gesellschaft und in einen Kosmos, der auf Heil angelegt ist und auch auf unser Heilen wartet.

Heilung ist ein Prozess, in dem ein Schaden wieder gut gemacht wird, in dem die Wunden sich schließen. Heilung braucht Zeit. In der Heilung wächst Hoffnung. Heilung erfasst die verschiedensten Dimensionen meiner Person: die Sinne, die Organe, das Bewusstsein. Heilung erneuert im umfassenden Sinn.

Das Wort »Vergebung« erinnert im Unterschied daran an einen Richterspruch, der von außen oder von oben kommt. Er erfasst das Bewusstsein. Er öffnet einen Freiraum. Er entlässt mich aus dem Gericht. Aber was geschieht dann?

Wir haben lange unser Gottesverhältnis in forensische Begriffe gefasst, und unsere liturgische Sprache ist immer noch von solchen juristischen Begriffen geprägt: Rechtfertigung, Sühne, Sündenvergebung, Freispruch. Doch der Mensch in seiner/ihrer Ganzheit mit Leib, Seele und Geist wird davon nicht berührt. Eine physische, leibhafte Sprache, die auch die vergessenen Dimensionen unserer Person anspricht, finde ich in dem Wort »Heilung« wieder. Vergebung spricht frei. Heilung *macht* frei.

Ich meine, dass wir unsere gängige Vorstellung von »Vergebung«, die zu eng an das Gerichtsdenken geknüpft ist, an Individualismus, an einen Richtergott, erweitern könnten um das Verständnis von Heilung. Darin ist die Vorstellung enthalten, dass die Konflikte in uns und unter uns Zeit brauchen, um versöhnt zu werden. Darin liegt die Vorstellung, dass wir wachsen und reifen können, miteinander und in uns selbst.

Es ist ein Bild, dass die in uns und unter uns verkümmerte Schöpfung anspricht, in deren Fülle wir hineinleben können. Wenn Sünde »Rebellion gegen die Schöpfung« [9] ist, dann ist es Gnade, mit Leib, Seele und Geist sich Gottes Schöpferkräften in uns, außer uns und unter uns zu öffnen.

Eine solche Theologie geht von der Schöpfung aus, in der Gott sah, dass alles, was er geschaffen hatte, gut war, und die in der Jesusgeschichte ihre Fortsetzung erfährt. Im Markusevangelium (7, 37) sehen die Menschen Jesu Heilungen und staunen: »Er hat alles gut/schön gemacht«, eine Wiederholung des Schöpfungslobes. Für manche heutige Theologen und Theologinnen hat die Erbsündenlehre deshalb keinen legitimen Platz mehr in der Theologie. Der Dominikaner Matthew Fox hat vorgeschlagen, an die Stelle der *original sin* (Erbsünde) die *original blessing* (Ursegnung) zu setzen. Sie habe weit mehr Wurzeln in der Bibel, und sie kann Menschen ermächtigen, nicht als Gebeugte und Verdorbene, sondern als Freunde, als Gesegnete und Geheilte die Aufgaben in unserer heillosen Welt anzupacken.[10] Eine Welt, die auf

Gnade, Liebe, Erneuerung und Verwandlung wartet; letztere können aber nur ausgestrahlt werden, wenn ein Glaube an ursprüngliche Güte und Gutsein vorhanden ist.

Die Erfahrung von Schuld und die Suche nach Vergebung wird weiterhin menschliches Leben bestimmen. Von außen kommende Vergebung wird für viele Situationen Leben-erhaltend sein. Nur wird Vergebung sich auch immer wieder von kirchlichem Machtanspruch abkoppeln. Sie kann zwischenmenschliche Vergebung sein und auch Selbstvergebung, wie Frauen es schon häufig ausdrücken, d. h. Einsicht in die Gegebenheiten und Selbstbefreiung von Schuldgefühlen an Hand eigener Wertmaßstäbe.

Es geht nicht darum, Sünde aus dem Christenleben wegzustreichen, sondern den Sexismus in uns und unter uns zu erkennen und zu benennen, zugleich aber die Erfahrungen unseres Verstricktseins, sei es in Krankheit, Schuld, Sünde, Ohnmacht, Scheitern, und die Erfahrungen von Heil und Heilung, von Leben-gebenden Kräften anzuerkennen. Dies kann zur Öffnung eines weiten Raumes werden, in dem Kräfte berührt werden, die in einem engen Sünde-Vergebungs-Denken nicht angesprochen werden. So könnte ein energetisches Potential wachsen, das Raum schafft für die Erfahrung numinoser Kräfte und das Leben intensiviert.

In unserer uns dominierenden Schuldkultur mit ihrer Sprachlosigkeit für Heil, Glück, Vergeben brauchen wir Bilder, die unser Leben bereichern und erweitern und die unsere Sinne schärfen für Unheil und Heil in uns und unter uns.

Sünde ist, an dieser Ganzheit vorbeizuleben. Gnade ist, mit Leib, Seele und Geist sich Gottes Freundschaft in uns, unter uns und außer uns zu öffnen.

Wie zerstörerisch ein falsches Sündenverständnis sein und auch ein Freundschaftsverhältnis ruinieren kann, zeigt das folgende Kapitel.

Die Freundin Jesu – Maria Magdalena

Im Neuen Testament hat noch eine andere Freundschaftstradition ihre Wurzel, die aber immer wieder vergessen wird. Es ist die Freundschaft Jesu mit Maria Magdalena. Sie ist die älteste und wichtigste Frauentradition, die aber bald von einer anderen Frauentradition verdrängt wurde: Maria, die Mutter Jesu, wurde von der patriarchal sich entwickelnden Kirche favorisiert. Ihre im Neuen Testament noch dünne Rolle wurde aufgewertet und ausphantasiert, und damit standen sich in der Frühzeit der Christenheit zwei Frauenmodelle gegenüber: das der Freundschaft, verkörpert durch Maria Magdalena, und das der Mutterschaft, dargestellt an Maria, der Mutter Jesu.

Während Maria im Laufe der Jahre über alle Frauen erhoben wurde, begann Maria Magdalenas Abstieg zur großen Sünderin, eine ebenfalls ausphantasierte Rolle. An diesem Prozess wird deutlich, dass in den mächtiger werdenden Kirchenstrukturen eine unverheiratete Frau und Freundin gegenüber der Ehefrau und Mutter auf jeden Fall den Kürzeren ziehen musste. Damit hatte die Kirche sich selbst ein Programm gemacht, das sie bis in die Gegenwart aufrechterhält. Und es begann die tragische Freundschaftsgeschichte der Maria Magdalena.

Da wir es mit einer Geschichte massiver Verdrängung und subtiler Methoden zu tun haben, soll sie hier auch in aller Ausführlichkeit noch einmal dargestellt werden.[1] Anschließend soll – mit vielen Frauen heute – gefragt werden, wie denn eine Kirche aus dem Geist Maria Magdalenas, der ersten Auferstehungszeugin, Apostelin und Freundin Jesu, heute aussehen würde.

Werfen wir zunächst einen Blick in den neutestamentlichen Befund, und beginnen wir mit der älteren Tradition:

Der Name Maria Magdalena (Mk 15, 40 u. ö.) gibt zunächst einmal Auskunft über ihre Herkunft. Sie ist aus Magdala am See Gennesaret in Galiläa. In der Nachfolge Jesu hat sie vermutlich ihre Heimat verlassen. Als der Name »Magdalena« aufkommt, war sie wohl nicht mehr in ihrer Heimat. Sie scheint eine alleinlebende Frau gewesen zu sein, denn sonst wäre ihr Name über einen männlichen Verwandten konkretisiert worden. Mit anderen Frauen ist sie mit Jesus und der Jüngergruppe aus Galiläa nach Jerusalem hinaufgezogen. Diese Nachfolge wird mit dem Wort »dienen« qualifiziert, ein Wort, das nur von Frauen um Jesus gebraucht wird. Die beiden anderen in diesem Zusammenhang gebrauchten Worte »nachfolgen« und »nach Jerusalem hinaufgehen« sind auch von den männlichen Jüngern gebraucht (Schüssler Fiorenza). Das Dienen, und d. h. »der hierarchischen Ordnung absagen« (Schottroff), verbindet die Frauen-Jüngerinnen und Jesus in auffallender Weise.

In den Frauenlisten, die sich in den Passions- und Auferstehungsgeschichten finden, ist Maria Magdalena immer zuerst genannt. Parallel zu Petrus, der in der Männergruppe immer zuerst genannt ist, zeigt dies eine besondere Autorität, die sie in den frühen Gemeinden hatte. Diese Autorität ist nach den Kriterien, die Apg 1, 21 f. 25 genannt werden, die der »Zeugin der Auferstehung« und Apostelin.

Mit den anderen Frauen ist sie bei Kreuzigung, Grablegung und am Grab des Staatsfeindes Jesus zugegen und riskiert Kopf und Kragen. Am Ostermorgen bekommt sie mit ihnen den Auftrag, den davongelaufenen Jüngern die Auferstehungsbotschaft zu verkündigen. Johannes hat ihr noch eine besondere Begegnung mit Jesus gewidmet und hat sie, wie Raymond Brown meint, auch als Teilnehmerin am Abendmahl gesehen, denn sie hat seine Stimme gehört

– ein Kennzeichen für die Jünger, die »Seinen«, die wie die Schafe die Stimme des Hirten hören. Von diesen »Seinen« ist zu Beginn des letzten Abendmahles die Rede (13, 1).

In der paulinischen Theologie wird sie nicht erwähnt. Nur die Brüder! Ist sie darunter auch gemeint, oder hat Paulus sie (1 Kor 15, 3 ff.) nicht als Zeugin akzeptieren können ?

Lukas erzählt überdies noch von ihrer Heilung von einer Geisteskrankheit (8, 3) und dass sie zum Kern der Urgemeinde in Jerusalem gehört habe. Der Rückweg und zeitweilige Aufenthalt in Galiläa ist aber nicht erwähnt.

Auch wenn das Wort »Freundin« für sie noch nicht fällt, so ragt sie doch aus der Frauengruppe um Jesus durch eine besondere Autorität und Vertrautheit mit Jesus heraus.

Mutterschaft contra Freundschaft

Was sagen die neutestamentlichen Berichte nun über die Mutter Jesu?

Markus stellt den wohl auf historischen Fakten beruhenden Mutter-Sohn-Konflikt noch in aller Schärfe heraus; Matthäus mildert ihn, indem er den Verdacht der Familie, Jesus sei verrückt (Mk 3, 21), fortlässt. Lukas schwächt das harte Wort Jesu, dass nur der zur eschatologischen Familie gehört, wer den Willen Gottes tut (Mk 3, 35), sogar noch dahin ab, dass er in den von ihm in sein Evangelium hineingenommenen Geburts- und Kindheitsgeschichten Maria als die gehorsame Magd, die diese Anforderungen erfüllt (1, 38), darstellt.

Dieses Bild von der gläubigen, gehorsamen Maria wird dann allerdings im Johannesevangelium nicht durchgehalten: Johannes stellt sie zwar – im Gegensatz zu den übrigen Überlieferungen, die nur die Frauengruppe um Maria Magdalena kannten – unter das Kreuz, um sie zur

Mutter des Lieblingsjüngers zu machen, der das Idealbild eines gläubigen Christen verkörpert. Aber »wegen ihres unvollkommenen Glaubens in Kana« kann sie nicht mit der lukanischen Maria verglichen werden.

Wir haben es also mit einem zwiespältigen neutestamentlichen Maria-Bild zu tun, wobei die beiden Hauptmotive der späteren Mariologie, Jungfrauengeburt und Präsenz unter dem Kreuz, die durch die künstlerischen Darstellungen von Geburtsszenen und Pietà tief in die Frömmigkeit eingedrungen sind, deutlich späteren Ursprungs sind. Die positive Aufwertung Marias bei Lukas und Johannes hat allerdings Maria Magdalena nicht verdrängen können. Mit ihr bleibt das Zentrum christlichen Glaubens, die Auferstehung, verbunden.

Aber schon bei Lukas ist die Tendenz zu beobachten, Maria Magdalenas Singularität zugunsten der Frauengruppe zu reduzieren. Zu der ursprünglichen, vor allem bei Markus enthaltenen Tradition, dass die Frauen im Gegensatz zu den ins Gelingen verliebten Jüngern die eigentlichen Nachfolgerinnen Jesu sind, weil sie das Messiasgeheimnis wissen, weil sie Jesus dienen, wie er gekommen ist, zu dienen und sein Leben zu geben, ist bei Lukas eine zweite getreten, die neben Gehorsam und Mütterlichkeit der Frau auch noch die männliche Jüngergruppe favorisiert. Männerbund und Mutterschaft waren stets stärker als eine einzelne Frau.

In den ersten Jahrhunderten kirchlichen Lebens konnten beide Frauenmodelle noch gleichberechtigt nebeneinander existieren. Maria war eine Heilige unter anderen. Aber sobald mit dem Konzil von Ephesus die Kirche sich für Maria als *theotókos*, Gottesgebärerin, entschieden hatte, als sie ein Bild der Volksfrömmigkeit aufgriff und alle Frauenvorstellungen dort hineinpresste, gerieten die Freundschaftstraditionen immer mehr ins Abseits. Die Freundinnen kamen nicht ins Glaubensbekenntnis, Maria Magdalena blieb illegitim.

In dieser Zeit begann die folgenschwere Verzerrung von Maria Magdalenas Geschichte und ihrer Persönlichkeit, die bis in die moderne Kunst und Literatur reicht.[2]

Wie kam diese fatale Geschichtsfälschung zustande?

Ihre Geschichte (Lk 8) verband sich mit der Geschichte der großen Sünderin (Lk 7). Deren Salbtopf ließ sie dazu noch mit Maria von Bethanien, die Jesus salbte (Joh 12), identisch werden, und in den westlichen Kirchen entstand aus drei unabhängigen Frauengestalten ein Monster und Muster von Sünde und Gnade. Eine Entwicklung, die – wie Karl Künstle sagt – vor allem auf Augustin zurückgeht: »Da sie (Maria Magdalena) einst wie er in den Banden der Sinnlichkeit lag« und sie ihm ein Trost geworden war.[3]

Dies änderte sich auch mit der wieder aufs Evangelium ausgerichteten Reformation nicht. Luther folgte nicht dem aufgeklärten Faber Stapulensis, der die drei Personen Maria Magdalena, Maria von Bethanien und die große Sünderin wieder auseinander dividierte und auf den Irrtum hingewiesen hatte. Für Luther blieb Maria Magdalena die Sünderin, wie auch entsprechend Calvins Moralvorstellungen die Frauen in der Nachfolge Jesu »übelbeleumdet« gewesen waren. Die Frauen wurden Modelle für eine neue Theologie der Rechtfertigung, Bilder von Sünde und Gnade, ohne dass ihre Geschichte, ihre Beziehung zu Jesus und ihre Funktion bei der Auferstehung entdeckt wurden. Die Änderung des römischen Breviers 1978 setzte wenigstens der fatalen Magdalenentradition ein offizielles Ende.

Doch wie sieht nun die Geschichte der *Freundin* Jesu aus?

Die Gegengeschichte

Zunächst blühten die im Neuen Testament knapp gehaltenen Magdalenenberichte als enge Vertraute Jesu und erste Auferstehungszeugin in den späteren apokryphen Evangelien noch einmal mit voller Phantasie auf. Was im Neuen Testament nur angedeutet wird, wird hier voll ausgezogen! Drei Elemente wurden verstärkt: ihre Nähe zu Jesus, ihre besondere Rolle bei der Auferstehung und die Konkurrenz zu Petrus.

Ist dem Neuen Testament eine besondere Nähe der Maria Magdalena zu Jesus zu entnehmen, so wird im Philippusevangelium sogar von häufigen Küssen gesprochen. Sie gilt als »Gefährtin« des Erlösers: »... die Gefährtin des (Erlösers) ist Maria Magdalena. (Christus liebte) sie mehr als (alle) Jünger und pflegte sie auf den (Mund) zu küssen. Die anderen Jünger waren deshalb gekränkt ... Sie sagten zu ihm: ›Warum liebst du sie mehr als uns alle?‹ Der Heiland antwortete und sprach zu ihnen: ›Warum liebe ich euch nicht, wie ich sie liebe?‹«

Sie hat – nach dem Evangelium der Maria (Magdalena) – Einsichten, die den anderen Jüngern verborgen sind. Die erotische Gemeinschaft ist zugleich eine mystische Geistesgemeinschaft. Im »Dialog des Erlösers« ist sie nicht nur eine Jesus völlig vertraute Visionärin, sondern mehr noch: »eine Frau, die das All kennt«. Gegenüber den als orthodox geltenden und die Kirchentradition vertretenden Aposteln ist sie die Gnostikerin, die auf Geist, Erfahrung und Zukunft setzt. Während die Männer von ihr, der Zeugin der Auferstehung, Fakten hören wollen, vertritt sie eine sehr persönliche Form des Evangeliums.

Die Konkurrenz zu den Jüngern, die im Neuen Testament bei Johannes verhalten anklingt, wird hier nun voll diskutiert. Das »Evangelium der Maria« berichtet, dass die Jünger, als sie nach der Kreuzigung mutlos und verängtigt waren, Maria (Magdalena) baten, ihnen zur Ermutigung zu erzählen, was der Herr ihr im Geheimen mitgeteilt hatte. Als Petrus wütend fragte: »Sprach er wirklich im Geheimen mit einer Frau (und) nicht öffentlich mit uns? Wollen wir uns umwenden und alle ihr zuhören? Hat er sie uns vorgezogen?« – antwortete Maria betrübt über diesen Zornausbruch: »Petrus, mein Bruder, was denkst du? Denkst du, dass ich mir dies selbst im Herzen ausgedacht habe oder dass ich über den Heiland lüge?« In diesem Augenblick mischt sich Levi ein, um in der Auseinandersetzung zu vermitteln: »Petrus, du bist immer aufbrausend gewesen. Jetzt sehe ich dich gegen diese Frau streiten wie gegen Feinde. Aber wenn der Heiland sie würdig gemacht hat, wer bist du wirklich, sie abzuweisen? Sicherlich kannte der Herr sie sehr genau. Deshalb hat er sie mehr geliebt als uns.« Dann akzeptieren die anderen übereinstimmend Marias Lehren und gehen durch ihre Worte ermutigt aus zu predigen.

Ein anderer Streit zwischen Petrus und Maria (Magdalena) findet sich in »Pistis Sophia« (»Glaube und Weisheit«). Petrus beschwert sich darüber, dass Maria die Unterredung mit Jesus beherrscht und die rechtmäßige Priorität des Petrus und seiner Apostelbrüder verschiebt. Er drängt Jesus, ihr Schweigen zu gebieten, und wird gleich zurechtgewiesen. Später allerdings räumt Maria Jesus gegenüber ein, dass sie es kaum wagt, freimütig mit ihm zu sprechen, da – in ihren Worten – »Petrus mich zögern lässt; ich fürchte mich vor ihm, denn er hasst das weibliche Geschlecht.« Jesus antwortet, wen immer der Geist treibe, der sei von Gott dazu bestimmt zu sprechen, ob Mann oder Frau.[4]

Später finden sich in den mittelalterlichen Legenden (Legenda aurea) weitere Spuren der Freundschaftstradition.[5] In diesen Legenden fällt auf, dass die Sünderingeschichte zwar die Folie ist, auf der sich die Geschichte abspielt, dass aber immer stärker die beiden anderen Elemente der biblischen und auch der gnostischen Tradition ins Zentrum rücken: Magdalena ist die engste Gefährtin Jesu, auch wenn der Kuss nicht seinem Mund, sondern seinen Füßen gilt. Sie wird »Freundin« genannt, ein unorthodoxer Ausdruck, der in der mittelalterlichen Mystik gebraucht wird. Sie ist im Gegensatz zu den Jüngern die Standhafte, die nicht flieht und in der Begegnung mit dem Auferstandenen zum »Apostel der Apostel« wird. Sie ist faszinierende Predigerin, hat Jünger wie ihr Freund und Meister Jesus und wird zur Missionsheiligen Frankreichs. Die Bilder der predigenden Frau, die am Rande der großkirchlichen Sünderinnenkultur entstehen, zeigen sie souverän: im Boot – wie ihr Freund Jesus –, auf der Kanzel einer mittelalterlichen Kathedrale, in Volkskirchen und auf Marktplätzen. Besonders eindrücklich sind romanische Darstellungen wie z. B. am Heiligen Grab im Dom zu Gernrode (Harz), wo Maria Magdalena in majestätischer Haltung – und nicht kniend wie auf späteren Darstellungen – dem Auferstandenen entgegentritt.

Ein aufsehenerregendes Bild fand ich nach langen Mühen in Lübeck: Auf der Außenseite eines fest verankerten Altarflügels kniet Lazarus vor seiner Schwester Magdalena, und sie macht ihn zum Bischof von Marseille. Keines Menschen Auge sieht normalerweise dieses ketzerische Bild, das ein früher Hohn auf die Verweigerung des Priesteramtes für Frauen ist. Ich vermute, dass auf keltisch-französischem Boden, der eine lange matristische Tradition hat, solche Frauenbilder gedeihen konnten und den ursprünglichen christlichen Frauentraditionen wieder Raum gaben.

Erinnerungen an die eigenständige erste Frau der Christenheit brechen dann in den protestantischen Bewegungen am Rande der Reformationskirchen wieder auf, allerdings nicht bei den Reformatoren selbst.

Dank der Verbreitung der Bibelübersetzung konnten Frauen jetzt mit Erstaunen die eigentliche Rolle der Magdalena im Neuen Testament nachlesen und sich mit ihr idenfizieren. Katharina Zell, die Frau des Straßburger Reformators, hielt ihrem Mann bei dessen Tod einen öffentlichen Nachruf und entschuldigte sich ob dieses »Skandals«, dass eine Frau öffentlich auftrat, dass sie dies wie Maria Magdalena getan habe. Schüchtern fügte sie allerdings noch hinzu, »mit keinem Gedanken, ein Apostel zu sein«.

Selbstbewusster orientierte sich im nächsten Jahrhundert schon die Quäkerin Margaret Fell an den neutestamentlichen Frauen, den drei Marien, Johanna und Magdalena: »Sie trugen die Botschaft weiter ... wie wollten die Jünger es gewusst haben, die doch gar nicht dabei waren ...« Das wieder erwachende Recht der Frauen, in der Kirche zu reden, wird auf die biblischen Wurzeln zurückgeführt. Der Quäker John Rogers nennt Maria Magdalena den »ersten Prediger der Auferstehung«.

In den USA leitet später, im 18. Jahrhundert, die schwarze Methodistin Javana Lee von der zentralen Auferstehungsbotschaft des Christentums, die einer Frau übertragen war, das Recht der Frauenpredigt ab. Die Stimmen der Frauen zum Recht auf Predigt gingen in den Denominationen der USA-Kirchen immer wieder auf Maria Magdalena zurück.

Auffallend ist allerdings, dass in der evangelischen Ordinationsdebatte am Anfang dieses Jahrhunderts kaum auf diese erste Predigerin verwiesen wurde. Vielleicht weil die betroffenen Frauen sich auf die in der männlich dominierten Kirche gängige paulinische Vision und Version eingelassen hatten, nach der von einer weiblichen Auferstehungszeugin keine Rede ist. In der vatikanischen Deklaration von 1976 wurde Maria Magdalena zwar erwähnt, aber ihre Rolle gleich wieder mit dem Argument heruntergespielt, dass die Frauen die Apostel nur darauf vorbereiten sollten, die offiziellen Zeugen der Auferstehung zu werden.

Was die lateinischen Kirchenväter mit der Erfindung der Magdalenengestalt gewollt hatten, den menschlichen Lebensweg zwischen Trieb und Tötung des Fleisches, zwischen Hurerei und Heiligkeit, zwischen Sünde und Gnade festzuschreiben, musste letzten Endes misslingen. Spätestens seit der Renaissance hatte man sich von der »Sünderin« kirchlicher Denkart gelöst, aber man hatte Maria Magdalena als Objekt sexueller Lust, als Sex-Modell entdeckt. Ein reizvolles, launisches oder sanftes Modell – je nach männlichem Zeitbedürfnis. Spätestens seit der Renaissance war aus der zu verachtenden Sünderin und Dirne auch die reizvolle Kurtisane, wie Tizian sie darstellt, geworden, die lockere Hetäre, wie Shalom Ben Chorin sie sah, das sanfte Groupie der Rock-Oper »Jesus Christ Superstar«, das mit seinen Therapeutinnen und dem Trost: »Alles ist gut – alles ist in Ordnung« die rauhe Welt kompensiert.

Aber gelungen war es, das Bild der unabhängigen ersten Frau der Christenheit zu ruinieren. Was jenseits der Kirchenmauern zurückblieb, war die Erinnerung an ein »halb rasendes Weib«, das den Auferstandenen zu sehen meinte, wie David Friedrich Strauß spottete, oder die zärtlich hingebungsvolle Frau, die man heute allerorts von Heinrich Böll bis zu Ernst Eggimann erwartet:

Jesus
ich stelle mir vor
du hast maria magdalena
die schön war und
nach blüten duftete
geliebt
als du sie umarmtest
war ihre hingabe
so groß
wie eine göttliche liebe
ich stelle mir vor

diese Nacht
außerhalb der geschichte
die alle moral überwand
erlöse uns
jesus
von den christlichen sünden
mache uns frei.

ernst eggimann [6]

Dies ist jedoch ein neues Wunschbild, und es ist nicht die ganze biblische Magdalena. Wie kann sie wieder auferstehen, die Freundin Jesu, die uns zu Gottes Freunden macht, und die Apostelin aller Apostel, die die Nähe und Unmittelbarkeit Gottes neu verkündet?

Kirche aus dem Geist Maria Magdalenas

Schon vor dreißig Jahren fragte Heinrich Böll angesichts der »Trockenheit des ganz und gar unzärtlichen kirchlichen Angebots«, wie denn eine Theologie Maria Magdalenas, eine Theologie der Zärtlichkeit aussehen könnte. Immerhin habe Jesus die Menschen berührt, gestreichelt, geküsst, sie mit Speichel bestrichen, und das waren für ihn Mittel der Kommunikation.[7]

Heute fragen Frauen angesichts einer petrinisch-starren Kirche, wie denn eine Kirche aus dem Geist Maria Magdalenas aussähe, eine Kirche, die vorwärts geht, die sich nicht verfestigt und sich zu ändern bereit ist.[8]

Ich stelle mir drei Kennzeichen einer solchen Kirche vor:

1. Sie wird bewegt von der Auferstehungsbotschaft, die in Herz, Hände und Kopf einer Frau gelegt ist und die diese zusammen mit vielen anderen Frauen weitersagt.

2. Ihre Botschaft ist die Nähe zu Gott und nicht die Distanz zu Gott, die aus dem Schuldgefühl der Jünger kam, die ihren Freund im Stich gelassen hatten.

3. Ihre soziale Gestalt ist nicht das Familienmodell mit dem *pater familias,* sondern das Lebensmodell der ganz anderen Frau, das durch Eros und Freundschaft bestimmt ist.

Zu 1. Die Auferstehungsbotschaft damals wie heute heißt: Werde, die du bist, und du wirst Wandlungskräfte in der Welt freisetzen. Maria Magdalenas Auferstehungserfahrung ist ein Beispiel dafür. Sie hört den erschreckenden Satz, mit dem scheinbar alles Freund-Sein ein Ende hat: »Rühre mich nicht an!« Er ist häufig auf die unirdische Lichtgestalt des Auferstehungsleibes bezogen worden. Doch da der auferstandene Jesus sich von Thomas berühren lassen will, da er isst, überzeugt diese Deutung nicht. Dieser Satz weist eher auf eine neue Art der Beziehung zwischen Jesus und Maria Magdalena hin. Er setzt voraus, dass sie sich vorher berührt haben und dass diese Art der Kommunikation ein Ende hat. Der Auferstandene zeigt ihr eine veränderte, unabhängige, freie Position, die sie ihm gegenüber nun einnehmen muss und die mit ihrer Erfahrung der Auferstehung zu tun hat: In ihr Herz, ihre Hände, ihren Kopf, ihre Sinne ist die Botschaft von einem Leben jenseits aller Todeserfahrungen gelegt, und die muss sie nun selbständig umsetzen. Sie muss sie ins Leben hineinziehen, ins Leben, in das immer neu Leben hinein muss und das nicht aufhört, sich zu verändern. Sie muss nun das Leben und die Zukunft selbst berühren, mit Leib und Geist, Erfahrung und Erkenntnis, aber die Berührung in der Freundschaft hat sie dazu ausgerüstet.

Eine solche sie unabhängig darstellende Auferstehungsszene ist in Gernrode am Heiligen Grab zu beobachten. Dort tritt eine stolze Magdalenengestalt dem auferstandenen Jesus entgegen, die nicht daran denkt, demütig zu knien, wie es fast alle späteren Osterbegegnungen zeigen. Ihr Selbstbewusstsein wird noch illustriert durch ihre Handhaltung: Mit der Rechten berührt sie bewahrend sich selbst. Mit der Linken öffnet sie sich dem Gegenüber. Sie zeigt damit eine Autorität, die sich aus ihrer eigenen Kreativität speist und zugleich geöffnet ist für andere.

Welche Kräfte ihr selbst zugeschrieben wurden, geht aus einer Legende hervor, die eine Nonne des zur Jerusalemer Magdalenenkirche gehörenden Klosters erzählt:

Als Maria Magdalena dem Auferstandenen Jesus begegnet ist und eilt, um dies den Jüngern zu sagen, trifft sie Pontius Pilatus und berichtet ihm das Osterwunder. »Beweis es«, sagt der zu ihr. Im selben Augenblick kommt eine Frau mit einem Korb Eier des Wegs. Maria Magdalena ergreift ein Ei, und sofort färbt sich das weiße Ei in ein strahlendes Rot.

Das Ei – Symbol neuen Lebens und weiblicher Fruchtbarkeit, das immer mit der Frühlingsgöttin Astarte verbunden ist – findet man in der Jerusalemer Magdalenen-Kirche in der Hand der Maria Magdalena. Es symbolisiert eine Fruchtbarkeit, die nicht an biologische Mutterschaft gebunden ist, sondern Wandlungskräfte in der Welt freisetzt.

Die Vision, die sich für uns daraus ergibt, ist, dass in den Kirchen die in Frauen versteckten und verdrängten Wandlungs- und Erneuerungskräfte angesprochen und befreit werden müssen und dass es eine spezielle Botschaft von Frauen für das konkrete Leben gibt, das ihr kein Priester, kein Mann, kein Papst, kein Staat abnehmen kann. In der Nachfolge der ersten Apostelin muss es Frauen geben, die in ihrem Leben freigestellt sind für die Botschaft des Lebens.

Und wie in der Frauengruppe um Maria Magdalena muss es um solche Frauen herum auch Frauen geben, die

– im Sinne des »*Affidamento*« der Mailänder Frauen – diese Frauen bestätigen und bestärken.[9]

Zu 2. In der westlich römischen, abendländischen Theologie ist die Grunderfahrung des Menschen die schuldhafte Trennung von Gott. Mir scheint, dass schon in der Jesusgeschichte Männer und Frauen unterschiedliche Erfahrungen gemacht haben, die auch zu einem unterschiedlichen Verständnis von Schuld geführt haben. Flohen die Jünger bei Jesu Verhaftung, so prägte solche Schulderfahrung ihr Verhältnis zu Jesus. Ebenso ist die Theologie des Paulus von der Schulderfahrung, Jesus verfolgt zu haben, beeinflusst. Die Frauen machten dagegen andere Erfahrungen: Sie blieben stets in seiner Nähe, selbst unter dem Kreuz, was mit Verhaftung und Todesgefahr für sie verbunden war. Sie wichen auch nicht vom toten und begrabenen Jesus. Nähe, Liebe, Füreinander-Dasein prägte ihre Beziehung zu Jesus. Und Maria Magdalena als Einzelperson und Anführerin der Frauengruppe ist ein Beispiel für diese andere Haltung, die als Nähe, später sogar als Intimität geschildert wird, zu der Küsse auf den Mund und Zärtlichkeit gehören, sodass sie die Freundin Jesu genannt wird, die mit »süßen Worten« predigt.

Hier haben wir es mit verschiedenen Gotteserfahrungen zu tun, von denen leider nur die der Sünde und Distanz unsere Theologie und Kirche geprägt hat. Die der Nähe blieb der mystischen und psychosozialen Theologie vorbehalten, die kaum Einfluss auf die herrschende Kirchenkultur bekamen. Die Dominanz dieser Distanz-Theologie hat aber zwei tragische Folgen, an denen wir bis heute leiden:

Einmal verlagerte sich Sünde als grundlegender Aufstand gegen Gott in die Sexualität und d. h. in den Körper des Menschen, eine Entwicklung, die vor allem Augustin gefördert hat. Für ihn wurden Begierde und Triebe, unter denen er in seiner Jugend schwer gelitten hatte, zum Zentrum und Ausdruck der Widergöttlichkeit. Eine Leib-beherrschende und Leib-feindliche Theologie, die bis heute in der Lehre von der Erbsünde zu finden ist, war die Folge, die sich heute nur langsam entspannt.

Zweitens wurde der Körper des Menschen Ausdruck für die zu kontrollierende Menschheit, eine Aufgabe, die die Kirche nur zu gern übernahm. Nicht zufällig hat Augustin die erigierenden Glieder mit Ausdrücken politischen Aufruhrs beschrieben. Die Kirche wurde zum Machtinstrument für die Kontrolle der Sünde und für die Vergebung der Sünde. Ihr gegenüber hatte man gehorsam zu sein, wie auch das Fleisch gegenüber dem Geist gehorsam zu sein hatte.

Mit diesem Konzept von Sünde hatte die Kirche sich ein Machtmonopol geschaffen, das sie bis heute aufrechtzuerhalten versucht. Darin sind Menschen leiblich und geistig Unmündige, die zu Gehorsam statt zu Selbstverantwortung aufgerufen sind.

Heute versuchen Frauen dort wieder anzuknüpfen und die Diskriminierungsgeschichte ihrer Körper aufzuarbeiten, die Inkarnation Gottes im weiblichen Fleisch neu zu erfassen und der Sexualität wieder einen wichtigen Platz im menschlichen Zusammenleben zu geben.

Maria Magdalenas Gestalt und Geschichte steht für ein solches Menschenbild, in dem es in der Nähe Gottes keine Abspaltungen gibt. Mit ihr können Menschen zu ihren schöpferischen Kräften zurückkehren und Kirche neu erstehen lassen. Diese Kirche wird aber nicht getragen von gehorsamen, sondern von mündigen Menschen, die selbstverantwortlich für sich und ihre Körper sind.

Maria Magdalena als soziales Symbol

Zu 3. Welche Sozialgestalt wird eine Kirche haben, die sich von einer alleinlebenden, nicht aus patriarchalen Familienstrukturen sich herleitenden Frau versteht? Welche Konturen einer Kirche könnten sich von hier aus ergeben?

Hinter unserer traditionellen Kirche stehen die Konturen des Familienmodells, geprägt durch römisch-rechtliches Denken, als dessen Oberhaupt ein *pater familias*, ein Mann, der Papst, der Vater steht. Kennzeichnend für dieses Familienmodell ist, dass der Familienvater Macht hat, dass die Familienmitglieder sich unterordnen und Gehorsam zu leisten gewillt sind. Wesentlich ist ferner, dass in ihr eine – andere ausschließende – Privatliebe dominiert. Wer außerhalb dieser Familie ohne Unterordnung und im Ungehorsam lebt, ist ein Häretiker. Die Familiengemeinschaft wird geprägt durch gleiche Rituale, hierarchische Strukturen und die Pflege des Vertrauten, die allen ein Heimatgefühl verschafft.

Solch ein Familienmodell kann Maria Magdalena nicht repräsentieren.

Sehen wir ins Neue Testament hinein, so wird klar, dass auch die Anfänge der Jesusbewegung, wie sie vor allem das Markusevangelium erzählt, kein patriarchales Familienmodell, eher ein Anti-Familienmodell als neue Gemeinschaft kennen.

Nach Mk 10, 29f. verheißt Jesus allen, die ihm nachfolgen, dass sie Vater, Mutter, Frau, Kinder, Haus, Äcker, Brüder, Schwestern verlassen werden, aber alles wieder finden werden, nur keinen Vater und nur kein Haus, sondern Häuser. Die Gemeinschaft, die die frühe Jesusbewegung vor sich sah, ist eine Gemeinschaft von Frauen und Männern, Brüdern und Schwestern ohne die Vorherrschaft eines Vaters und ohne das feste, alle unter ein Dach bringende Haus. Diese frühe Aussage war ein Affront gegen Familienmodelle patriarchaler Form, aber sie konnte nicht durchgehalten werden. Schon bei Matthäus und bei Lukas verwässert sich der Markussatz.

Wir finden in der weiteren Geschichte der Christenheit Spuren der frühen Gleichheitsmodelle wieder, in denen auch Maria Magdalena als Wissende, als Weisheit, als Gnostikerin in den gnostischen Gruppen eine führende Rolle spielt. So tritt sie auch im Mittelalter in der auf Gerechtigkeit und Gleichheit aufgebauten Bewegung der Katharer wieder ins Zentrum der Frömmigkeit und löst die großkirchliche Maria ab, die – wie der Katharer-Forscher Gottfried Koch herausstellt – kaum etwas mit der »Anerkennung der gleichberechtigten Rolle der Frau zu tun hat«.[10] Eine entsprechende Beobachtung für die mittelalterliche Frauenbewegung machte auch die Historikerin Shulamith Shahar.[11]

Taugt Maria Magdalena nicht für eine patriarchale Symbolik, so ist sie auch nicht für eine mutterzentrierte Lebensform zu vereinnahmen. Das Bild der großen Mutter oder die Vorstellung von Mütterlichkeit lässt sich auch aus ihrer späteren Frömmigkeitsgeschichte kaum rekonstruieren. Der Beiname »Mutter«, der sich auch noch für die biblische Martha findet, taucht meines Wissens für sie nicht auf. Sie bleibt stets die andere Frau, die Nicht-Mutter, die Geliebte, die Freundin, die Schöne mit den offenen Haaren und die Gefährliche, die durch Eros und nicht durch Caritas bestimmt wird. Sie ist die Un-Ordentliche, die sich normalen Frauenrollen und -pflichten entzieht, und die Gefahr, die von ihr ausging, bannte man, indem man sie zur Sünderin machte.

Ich möchte gerade deshalb bei ihrem Anders-Sein ansetzen und darin ihre Bedeutung für uns und unsere Zeit sehen. Ich möchte auch dies Anders-Sein als Herausforderung für eine Kirche ansehen, für die Einheit und Verwandtschaft eine solch zentrale Rolle spielen, dass sie

Vielfalt und Anders-Sein fürchtet und alles »Andere« als Häresie brandmarkt.

»Anders-Sein« macht zunächst Angst. Wir wollen nicht anders als die Anderen sein, auch wenn wir es faktisch sind. Wir wollen wie alle sein. Gerade Frauen haben in einem langen schmerzlichen Prozess ihr Anders-Sein erfahren. Sie haben erkannt, dass sie eine andere Geschichte, andere Erfahrungen und anderes Wissen haben als die dominierende Kultur. Doch diese schmerzhaften Erkenntnisse lösen zugleich auch kreative Kräfte, indem sie uns von eingefahrenen Wegen weg und in neues, unbekanntes Terrain führen. Sie können neugierig machen und fähig, als Andere Anderes zu entdecken. Sie geben Mut zum Eigen-Sein.

Für Christina Thürmer-Rohr liegt für Frauen gerade eine Chance in der Erkenntnis, dass Menschen verschieden sind und sich nicht als Gleiche begreifen müssen.[12] Dies erweitert Privat- und Familienliebe zu einer Liebe zur Welt, die sich in der Sorge um die von verschiedenen Menschen bewohnten Welt zeigt. In Begegnungen mit Anderen und Verschiedenen wird dabei in neuer Weise »Respekt, Offenheit, Neugierde auf das Andere, Fähigkeit zum Zuhören, Aufmerksamkeit gegenüber dem Detail, Zweifel gegenüber jedem Urteil, das ein Vorurteil sein könnte, Skepsis gegenüber den üblichen Tagesordnungen verlangt«. Niemand kann mehr voraussetzen, den anderen zu kennen und verstanden zu haben. Dies ist – nach Thürmer-Rohr – eine Absage an die Position von Herrschaft und Herrschaftssicherheit und der Versuch der praktizierten Herrschaftsabsage. Nur so kommen wir zu einer politischen Pluralität, in die jede/jeder Einzelne einbezogen ist.

Für den Philosophen Emanuel Levinas ist das Gesicht unserer Zeit »das Gesicht des Anderen«.

Auf die Kirche übertragen hieße dies eine Absage an jedes totalitäre Denken und Handeln und den Übergang zu einem »planetarischen Denken« wie es McFague sieht (S. 27). Die Anderen sind aber nicht nur Frauen. Es sind auch die unzähligen, ungehörten Stimmen aus nicht dominanten Kulturen, wie sie uns in den Befreiungstheologien begegnen, die nicht »auf der Asphaltstraße moderner Rationalität« (David Tracy) einherkommen.[13] In solchen anderen Erfahrungen und Offenbarungen wird Gottes Stimme neu hörbar.

Diese Orientierung am Anderen ist letzten Endes zutiefst in der christlich- jüdischen Tradition und der Erinnerung an die Fremdheit in Ägypten verankert: »Liebe den Fremden. Er ist wie du.« Sie ist die Basis der Feindes- und Nächstenliebe im Neuen Testament, und sie basiert auf der Gottesfreundschaft.

Maria Magdalenas Anders-Sein könnte eine Kirche wieder an die Wurzeln ihrer Existenz zurückführen. Sie könnte von dem leiblosen Miteinander zur leibhaften Kommunikation führen. Sie könnte vor das Sprechen das Hören stellen. Sie könnte mit der Weisheit dem Logos neu begegnen. Sie könnte den Geist wieder auf die Erde zurückbringen. Sie könnte aus Schwestern und Brüdern auch Freundinnen und Freunde machen. In ihr könnte statt Einheit Vielfalt und in Gleichheit Differenz gelebt werden. Und es könnte Freundschaft entstehen, wie in der Beziehung Jesus – Maria Magdalena, in der nicht Abhängigkeit, sondern Zuwendung und Eros gedeiht.

Freund-liche Berührungen: Zärtlichkeit und Eros

Zwei Vorstellungen sind in den letzten Jahrzehnten in unser bürgerliches und kirchliches Ordnungsdenken eingebrochen, haben es verändert und herausgefordert. Es sind die Worte »Zärtlichkeit« und »Eros«, beide schon früh verbunden mit der Gestalt und Geschichte der Freundin Jesu, Maria Magdalena. Sie scheinen uns zunächst wohlvertraut: Mit Zärtlichkeit assoziieren wir Nähe, Wärme, Kuscheln; mit Eros verbinden die meisten die Vorstellung von Sexualität. Doch gehen wir Zärtlichkeit und Eros, wie sie in den letzten dreißig Jahren auch immer wieder gebraucht worden sind, nach, stoßen wir auf Überraschendes: Zärtlichkeit und Eros unterwandern das, was wir gemeinhin »Liebe« nennen. Sie attackieren eine verbürgerlichte und verkirchlichte Liebe und interpretieren »Liebe« mit scheinbar höchst subjektiven und der Sexualität nahekommenden Vorstellungen. Sie weisen auf Urzustände der Liebe zurück und kritisieren eine scheinbar heile Christenwelt und eine satte, stabile Kirche, in der eine Hierarchie die anfängliche Gleichheit in der Christenheit und ein späterer sogenannter »Liebespatriarchalismus« die Gleichstellung von Frau und Mann verdrängt haben. Zärtlichkeit und Eros haben seitdem einen – wenn auch bescheidenen – Platz in unserer Sprachwelt gefunden, auch wenn sie oft noch schockierend wirken, und sie tragen dazu bei, dass in unserer Herrschaftssprache und in unserem Herrschaftsdenken sich neue, freie Räume auftun. Sie sind Versuche freund-licher Berührung angesichts wachsender Gleichgültigkeit, die eine neue Kultur der Beziehung eröffneten, die sowohl den privaten als auch den öffentlichen Raum meinten. Für mich sind sie stürmische erste Schritte auf dem Weg zu einer Kultur der Freundschaft.

Zärtlichkeit und Eros sind keine theologischen Begriffe. Wir finden sie in keiner Dogmatik, auch nicht direkt in der Bibel und wohl nie in einer Predigt. Aber sie haben ein gemeinsames theologisches Anliegen: Auf dieser Erde und in diesen Verhältnissen soll mit ihnen etwas von der Urliebe wieder aufleben. Sie blockieren jede Ausflucht und jede Flucht ins Jenseits. Sie zwingen uns, eine unfreundliche, kalte, auseinander fallende Welt zu sehen und zugleich den Traum von einer zu heilenden, gerechteren Welt nicht aufzugeben, ein Leben, das hier beginnt und das wir uns zutrauen und zumuten können.

So sanft sie klingen, so unerbittlich greifen sie bestehende Ungerechtigkeiten an und sind zu subversiven Kräften geworden. Zärtlichkeit hat man die »Anarchistin« genannt. Eros würde ich den »Revolutionär« nennen. Für unsere unpolitisch werdende Christenheit gefährliche Rückfälle in linke Illusionen? Oder brauchbare Vorstellungen für Veränderungen, die notwendig sind?

Ich will für die Anarchistin Zärtlichkeit und für den Revolutionär Eros den Sitz im Leben beider deutlich machen und fragen, was beide für uns selbst, unsere Lebens- und Arbeitssituation abgeben können.

Was ist Zärtlichkeit?

Zärtlichkeit gehört nach unserem Sprachgefühl in die weibliche Sphäre. Zärtlichkeit erwartet man von der Mutter für ihr Kind und von der Frau für den Mann: »So zärtlich war Suleyken ...« Mit Männlichkeit hat diese Vorstellung zunächst einmal nichts zu tun.

Für Sigmund Freud, der bis heute das Lebens- und Sexualgefühl vieler Zeitgenossen wiedergibt, war Zärtlichkeit mehr eine Entgleisung des für ihn zentral wichtigen Sexualtriebs. Zärtlichkeit war eine vom sexuellen Triebziel abgelenkte Erotik. Damit treiben bei ihm sinnliche und zärtliche Regungen auseinander, was als Ursache sexueller Störungen angesehen werden konnte.[1]

Wir verstehen diese Sichtweise heute als androzentrisch. Sie geht in diesem Fall von einem auf den Genitalbereich fixierten Verständnis von Sexualität aus, das aber für viele Frauen heute zu eindimensional ist, den Koitus in den Mittelpunkt stellt und die Bedürfnisse von Frauen nicht erfasst. Weibliche Sexualität schließt aber Zärtlichkeit ein. Freuds Definition ist also zeitgebunden und umfasste noch nicht die Sichtweise von Frauen.

Näher an eine heute gültige Definition von Zärtlichkeit kam Erich Fromm in seiner »Kunst des Liebens«.[2] Zärtlichkeit als Sublimierung des Sexualtriebes, wie Freud es verstand, lehnte er ab. Dafür ist Zärtlichkeit unmittelbarer Ausdruck der Nächstenliebe, die sowohl in körperlicher als auch in nicht-körperlicher Form vorkommt. Zärtlichkeit ist für ihn »ohne Gier«. Damit war Fromm aus einem eng gefassten Verständnis von Sexualität ausgebrochen und hatte der Zärtlichkeit einen Platz im menschlichen Zusammenleben gegeben.

Doch dann explodierte die so lange klein, weiblich und abseits gehaltene Zärtlichkeit 1969, als Heinrich Böll sie sich zum Motor einer ganz und gar unzärtlichen Kirche wünschte: »Die Menschen wollen kommunizieren!«, begann er. »Stellen Sie sich das vor: Kommunizieren wollen die Menschen.« Und er fuhr fort:

»Den Christen ist zuviel vorenthalten worden, auch, was die ›erlaubten‹ und ›unerlaubten‹ sexuellen und erotischen Zärtlichkeiten angeht. Ich kann mir nicht vorstellen, wie es im Bewusstsein derer aussieht, die die Menschen fröhlich auffordern, Kinder zu zeugen, und sich gleichzeitig nicht darüber klar werden wollen, dass die Zeugung eines Kindes ohne sexuelle Erregung mindestens des Mannes gar nicht möglich ist. Ich weiß: darüber spricht man nicht, aber dann sollte man auch nicht über Liebe, Ehe, Familie sprechen, sollte sich gar nicht einmischen. Immerhin hat Christus die Menschen berührt, gestreichelt, geküsst, sie mit Speichel bestrichen: Heil und Heilung hat er gebracht. Küssen, streicheln, berühren, Speichel waren für ihn Mittel der Kommunikation. Wer wundert sich, wenn angesichts der ›Trockenheit‹, des ganz und gar unzärtlichen kirchlichen Angebots, die Menschen auf die verrücktesten und manchmal ›perverse‹ Ideen kommen. Ob sie sie immer finden, weiß ich nicht, aber was sie suchen und was sie geben wollen, ist Freude ...«[3]

Gegenüber einer vertrockneten Theologie mit ihrer unsinnlichen Sprache fordert er eine Theologie Maria Magdalenas, eine Theologie der Zärtlichkeit. Damit hatte Zärtlichkeit ihren Platz als sinnenhafte Kommunikation in einer isolierenden, sinnenfernen Kirchen- und Gesellschaftskultur gefunden und hat ihn bis in die Gegenwart behalten. Eine Gesellschaft, eine Kirche, geprägt von Berührungsängsten, war aufgefordert, sich anders, sinnenhaft, körperlich mitzuteilen, Kommunikation zu üben. Bereiche, die bisher nicht angesprochen waren oder nur in den privaten Intimbereich gehört hatten wie Küssen, Streicheln, Berühren, öffneten sich für einen menschlichen Umgang miteinander. Das war nicht das Alte: »Seid nett zueinander ...« Das war eine neue Kultur, die traditionelle Verschlossenheit aufbrach. Böll setzte bei seinem Problemfall katholische Kirche an, aber es erwies sich schnell, dass auch die protestantische Kirche und unsere gesamte gesellschaftliche Kultur genauso betroffen waren.

Rückblickend möchte ich diese Entdeckung und diese Bedeutung von Zärtlichkeit als eine Kulturwende bezeichnen, in der die alte, abendländische Spaltung von Körper und Geist angeprangert und aufgehoben werden sollte. Böll entdeckte den Körper des Menschen als einzig sinnvolles und sinnenhaftes Aktionsfeld unserer Beziehun gen wieder und die Zärtlichkeit nicht nur als weibliches

Proprium, sondern als menschliches Grundbedürfnis, das aus Abgeschlossenheit und Verschlossenheit befreit. Der abendländische Dualismus, der den hebräischen ganzheitlichen Vorstellungen der Jesusbewegung und der frühen Christenheit widerspricht, war mit der Anpassung der Christenheit an gesellschaftliche, römisch-griechische Denkmuster in die Theologie hineingeraten, hatte die Kirchen und unser kulturelles Denken geprägt und unsere körperfeindliche Herrschafts- und Beherrschungskultur hervorgebracht. Böll sah plötzlich den Körper wieder als Ort der Heilung und als Mittelpunkt des Heils, und er entdeckte den entkörperten Gott, den entleibten Gott der Kirchen, der ein Opfer des aufklärerischen Vernunftchristentums geworden war. Seine Stockholmer Nobelpreisrede war ein Plädoyer für diesen vergessenen verkörperten Gott, den menschgewordenen Gott, dem die Menschwerdung des Menschen entspricht und der gerade wegen seiner Verkörperung auch alle Elemente heiligt.[4] Das Frühstücksbrötchen kann dann sakramental gedeutet werden, die Tasse Tee zum heiligen Kelch werden. Böll entdeckte den Sinn der Inkarnation in einer flammenden Parteinahme für die Sakralisierung des Banalen, Trivialen wieder.

Die verschlossenen und abgeschlossenen Körper können aber nur wieder zum Leben kommen durch Berührung. Zärtlichkeit geschieht durch Berührung. Berührung ist eine heute in Psychosomatik, Ökologie und Feministischer Theologie aufkommende Vorstellung, deren hohe Bedeutung wir uns immer wieder klar machen müssen. »*Touching*« ist eine somatische Heilungsgeste. »Ich berühre, also bin ich berührt«, heißt es in der Ökologie. »Menschwerden durch Berühren« – so beschreibt Hildegund Keul die Freundinnenschaft. Berührung berührt unsere Berührungsängste, unsere coole Distanz in der Gesellschaft, unsere steife Haltung in den Kirchenbänken, unsere »Geschmacklosigkeit« beim Abendmahl. Berührung lässt uns unsere Körper wieder erleben und schließlich auch akzeptieren, sie lieben, neu sehen und auf sie hören lernen. Unsere Körper, die uns – wie Norbert Elias es geschildert hat – in einem Prozess fortlaufender Zivilisation fremd und feindlich geworden sind! Stimuliert wird unser Körper in der Berührung durch unsere Haut, unser größtes und sensibelstes Organ, das die Ganzheit von Leib, Seele und Geist wieder erfahrbar macht. Zärtlichkeit ist nach Böll immer heilend. So wie Jesus mit seiner zärtlichen Berührung und weniger durch die großen Worte heilte, so können auch Menschen heilen und heil gemacht werden. Unsere kirchliche Wortkultur und Worttradition wird dadurch heilsam in Frage gestellt. Als Folge dessen tauchte auch gleich im Text der Würzburger Synode (1971–1975) die Metapher »Stufenleiter der Zärtlichkeit« auf.[5]

Politische Zärtlichkeit

1979 gab Kurt Marti in seinem Buch »Zärtlichkeit und Schmerz« der Zärtlichkeit aber noch einen speziellen, einen politischen Akzent.

»Zärtlichkeit ist gleichermaßen Sinnlichkeit, die intelligent, wie Intelligenz, die sinnlich macht. Selbst ihr Rausch betäubt nicht, er erleuchtet. Sie wird, die Anarchistin, erst herrschen können, wo keine Herrschaft mehr ist. Ihr Pathos ist das des Unscheinbaren: eine hilflose Geste, ein Blitz oder Schatten im anderen Blick, eine spontane Bewegung werden plötzlich Dreh- und Angelpunkt allen Jetzt- und Da-Seins.«[6]

Zur Sinnlichkeit tritt jetzt in Martis Zärtlichkeit die Intelligenz, die Einsicht in die Wirklichkeit. Kein Rausch, kein diffuses Gefühl, sondern Licht und Klarheit oder, wie er gern sagt, Genauigkeit. »Zart und genau« – das sind Lieblingskombinationen für ihn, die anzeigen, worum es ihm geht: um eine neue, kritische, umwälzende Sichtweise, die jenseits der herrschenden Machtstrukturen die Wirklichkeit von Menschen sieht und ihnen gerecht werden will. Gottes Gerechtigkeit wird so sichtbar. Zärtlichkeit als Anarchistin wird notwendig, um die ungerechten Machtverhältnisse, die Machtansprüche, die Machtsprache zu entmachten. Wo Gott als solcher Machthaber verkündet wird, gibt es keine Zärtlichkeit, und nie wird zwischen Herrschern und Beherrschten Zärtlichkeit aufkommen. Zärtlichkeit erschließt dagegen die Banalität, die Trivialität, sie ist das alltägliche Wunder. Wie bei Böll wird das Alltägliche, das Banale geheiligt. Zärtlichkeit verwandelt unsere Wirklichkeit. Der *homo faber* wird zum *homo admirans.* Das Staunen hält Einzug in die Welt, wo alles machbar schien. Für die Staunenden ist die Erde wieder heilig, ist der Schöpfungsglaube ein Glaube an die Qualität der Materie. Doch mit solchem Staunen ist keine siegreiche Weltsicht verbunden. Zärtlichkeit macht verletzbar. Sie ist »eine hilflose Geste, ein Blitz oder Schatten im anderen Blick, eine spontane Bewegung …« Ebenso hilflos und verletzbar kann Gott sein. Marti sieht keinen Herrengott, keine mächtige Göttin. Gott ist Zärtlichkeit, Liebe, Schmerz … Zärtlichkeit ist eine der Töchter Gottes und »unbeirrbar subversiv«. Zärtlichkeit kann ebenso das Inkognito Gottes genannt werden. Marti kann aber auch vom »Zorn göttlicher Zärtlichkeit« sprechen, der Macht und Ungerechtigkeit anprangert.[7]

Sind für Heinrich Böll die trockenen, kommunikationslosen Kirchen Auslöser für Zärtlichkeits-Fantasien geworden, so sind es bei Marti theologische Macht- und Herrschaftserfahrungen, die ihm eine andere Ebene der Begegnung und Erfahrung, einen herrschaftsfreien Raum aufschließen.

Nun fällt etwas Merkwürdiges auf: Die Zärtlichkeitsdenker sind vor allem Männer, und da Zärtlichkeit mit weiblicher Verhaltensweise in Verbindung gebracht wird, erstaunt dies! Zwar finden sich auch zunehmend bei Frauen Bilder von Zärtlichkeit. Doch dies scheint mehr einem allgemeinen Kulturtrend als einem besonderen Frauenbedürfnis zu entstammen.

Männer entdecken Zärtlichkeit

Wie kommt es, dass nicht Frauen, sondern Männer eine Theologie der Zärtlichkeit gefordert und angestoßen haben? Die Ursache kann darin liegen, dass Frauen Angst haben, wieder in die Nische von Zärtlichkeit und Mütterlichkeit abgedrängt zu werden. Zärtlichkeit scheint sich für sie zunächst nicht als befreiende, erneuernde, emanzipatorische Kraft gezeigt zu haben. Doch wo, wenn nicht bei ihnen, ist der Sitz im Leben für solche Vorstellung? Sind Männer nicht durch Kultur, Politik, Erziehung, Sozialisation meilenweit von Zärtlichkeit und Körperwahrnehmung entfernt? Wie kommt es gerade zu Reflexionen darüber von *ihrer* Seite?

Ich meine, dass Zärtlichkeit ein früher, emanzipatorischer Begriff aus einer nicht stattgefundenen Männerbewegung ist. Sie ist die nachgeholte Erfahrung, die ein Junge, ein Mann in unserer Gesellschaft traditionellerweise nicht oder kaum machen konnte. In einer auf das männliche Individuum ausgerichteten Gesellschaft muss der Junge früh lernen, sich von der Mutter, der Urerfahrung von Wärme, Nähe, Geborgenheit, zu lösen. In diesem Entwöhnungsprozess lernt er auch häufig, diese Bereiche zu verdrängen oder gar zu verachten, um ein Mann in einer Gesellschaft von männlichen Werten zu werden. Mit »Zärtlichkeit« ist nun ein Angriff gegen Hierarchien, gegen Machtstrukturen, aber auch gegen Berührungsängste erfolgt, wie er sich zum Teil in der achtundsechziger Studentenrevolte widerspiegelte. »Die Zärtlichkeit der Kalaschnikoff« ist ein treffender Ausdruck für den hohen

Anspruch einer zärtlichen Gerechtigkeit und für die nicht gelingende Verbindung von Gerechtigkeit, Körperlichkeit und Gewalt, die dann schließlich im RAF-Terrorismus unterging.

Zärtlichkeit möchte ich trotz aller damit verbundenen Absurditäten als Wiederentdeckung des Tastsinns bezeichnen, der in einer androzentrischen Kultur und in einer männlichen Sozialisation nicht zum Leben kommen konnte. Es ist die höchst vorsichtige Annäherung an den Körper über die Haut. Nicht zufällig enden beide Denker, Böll und Marti, bei in der Theologie ganz unüblichen Expektation über die Heiligkeit der Materie, der Verleiblichung Gottes, der Sakralisierung des Banalen. Mit der Entdeckung der Zärtlichkeit ist ein entscheidender, wenn auch noch bescheidener Schritt zur Wiederentdeckung des Körpers in der Theologie getan. Es ist aber vor allem ein erster emanzipatorischer Schritt getan – weg von den verlassenen und verratenen weiblichen Bereichen. In diesem Trend hat der Pädagoge Wolfgang Dietrich das alte pädagogische Knabenideal: »Gelobt sei, was hart macht« umfunktioniert in: »Gelobt sei, was zart macht«.[8] Für traditionelle Männlichkeit ist Zärtlichkeit keine Selbstverständlichkeit. Es gehört – wie Herbert Haag als Mann meint – »Mut« dazu. »Wir dürfen uns vor ihr nicht drücken!«

Für Frauen ist Zärtlichkeit etwas kaum Vergessenes, eher etwas, aus dem sie sich befreien müssen wie aus dem empathischen Kontinuum mit der Mutter. Es kann für sie zu etwas Formlosem, Weichem werden, das bedrohlich wird und ihre Autonomie erschwert und das sie auf dem Wege der Anpassung an die Gesellschaft schnell verdrängen müssen.

Doch für alle, Frauen und Männer, gilt: Zärtlichkeit ist die wiederkehrende und lange verdrängte Erinnerung an unsere erste Geborgenheit durch die Mutter, durch den Hautkontakt mit ihr. Sie ist die Rückbesinnung auf unseren Ursprung, auf unser erstes Erfahren von Mitmenschlichkeit. Sie hängt aber auch zusammen mit unserer Ohnmacht, unserem Ausgeliefertsein und unserer Zerbrechlichkeit, in der wir bergende Macht, Angenommensein und Schutz erfahren haben, durch die wir wachsen und reifen konnten. Insofern ist Zärtlichkeit, die wir erfahren haben und die wir weitergeben, bewahrende und heilende Liebe, begierdefreie Präsenz. Doch darüber hinaus müssen Frauen die Frage an Heinrich Bölls Forderung nach einer Theologie der Zärtlichkeit Maria Magdalenas stellen, ob hier nicht die Projektion einer gesellschaftlichen Unvollkommenheit, eines Mangels, nämlich Zärtlichkeit, wieder in die Frauen projiziert wird, ohne dass Frauen selbst bestimmen, was für *sie* eine Theologie Maria Magdalenas sei.

Was ist nun der Beitrag der Frauen zu einer neuen Kultur der Freundlichkeit? Was war *ihre* Erfindung?

Was haben Frauen an die Stelle von Zärtlichkeit gesetzt?

Erotik als Frauenmacht

Ebenso wie in der theologisch-politischen Literatur der siebziger Jahre das Wort »Zärtlichkeit« auftaucht, so begegnet in der Frauenliteratur der achtziger Jahre das Wort »Eros« neu. Es wirkt provozierend, herausfordernd und verlangt Auseinandersetzung, denn in Eros schwangen traditionell gefährliche Begleiterscheinungen mit: Verlangen, Begehren, Triebhaftigkeit, und in einer Phase protestantischer Theologie war Eros auch noch scharf von der Agape, der wahren christlichen Liebe, getrennt worden.

Was wollten Frauen damit ausdrücken? Was bedeutete Eros für ihren Lebensentwurf? Für eine freund-liche Welt?

Eine ihrer markantesten Vertreterinnen, die Afro-Amerikanerin Audre Lord, schrieb um 1980: »Wir entdecken

Erotik allmählich nach weiblichen Maßstäben als etwas, was auf keine Körperteile und nicht einmal auf den Körper als solchen beschränkt ist; als eine nicht nur diffuse, sondern allgegenwärtige Energie, die sich im Teilen von Freude – körperlicher, emotionaler und psychischer Freude – und in gemeinsamer Arbeit ausdrückt ... Erotik ist ein Potential, ein ›Lebensmittel‹ in uns allen, das einer zutiefst weiblichen und spirituellen Ebene angehört und fest in der Macht unserer unausgesprochenen Gefühle wurzelt.«[9]

Doch Erotik wurde in einer Männergesellschaft als Zeichen weiblicher Minderwertigkeit angesehen, und man hat Frauen dazu gebracht, unter Erotik zu leiden und sich ihretwegen selbst zu verachten. »Wir sind erzogen worden«, schreibt Audre Lord, »unser Ja zu uns selbst, unser tiefstes Verlangen zu fürchten.« Doch es braucht deswegen keine Resignation zu geben: »Wenn wir von innen heraus zu leben beginnen, in der Berührung mit der Macht der Erotik in uns selbst, und wenn wir uns inspirieren lassen, von da auf unsere Umwelt einzuwirken, dann werden Frauen verantwortlich für sich selbst.«

Erotik wird also aus dem tiefen Defizit-Erleben von Frauen entfaltet, aus ihrer Unfähigkeit, ja zu sich in ihrer ganzen Person zu sagen, aus der Erfahrung, ein Nichts zu sein, aus dem Wissen, ganz anders zu sein. Statt sich nun ortlos und utopielos zu sehen – wie es aus Teilen der Feministischen Theorie zu hören ist –, wird mit der Erotik eine tiefe Liebe zum Leben entdeckt, ein Keim von Vitalität, der nicht getötet werden konnte und der nicht abgestorben ist.

Doch diese Lebenszugewandtheit wird jetzt anders verstanden: Sie ist nicht beschränkt auf einen Körperteil, also nicht genital fixiert. Sie ist auch nicht allein auf den/die andere(n) bezogen, sondern wirkt in die Weite und lässt Frauen für größere Lebenszusammenhänge verantwortlich werden.

Vergleichen wir diese Wiederentdeckung des Eros mit der Wiederentdeckung der Zärtlichkeit, so fällt auf: Es geht hier nicht mehr nur um die Wiedergewinnung des Tastsinns. Es geht um mehr. Es geht um das Wiederaufspüren einer ausgeschalteten Lebensmacht, deren Nichtwahrnehmen-Können Frauen ins Abseits drängte und sie ihres Personseins beraubte.

Frauen brauchen nicht die »Kunst« zu lernen, »zärtlich zu sein« (Dietmar Mieth).[10] Sie müssen statt dessen ihre begrabenen Gefühle wieder aufdecken. Sie müssen zu fühlen anfangen. Sie müssen sich fühlen und sich ihrer Gefühle und ihres Verlangens wieder bewusst werden. »Erotik«, sagt Audre Lord, »ist nicht nur eine Frage nach dem Was unseres Tuns, sie ist eine Frage nach der Stärke und Intensität des Fühlens bei unserem Tun ... Wenn wir nämlich erst einmal wissen, in welchem Maß wir fähig sind, Befriedigung, Intensität, Erfüllung zu erleben, können wir auch erkennen, welche der diversen Bestrebungen in unserem Leben uns diesem Erfülltsein am nächsten bringt. Das Ziel all unseres Tuns ist es, unser Leben und das Leben unserer Kinder lebenswerter und reicher zu gestalten.« Alle unsere Bestrebungen können so zu einer »Feier der Erotik« werden.

Wie Zärtlichkeit ist auch Eros eine Gegenvorstellung gegen eine unbefriedigende, gesellschaftliche Welt. War Zärtlichkeit ein Protest gegen das Starre, Trockene, Rationale, gegen die Machtspiele, so wird Eros zum generellen Protest gegen eine männliche Welt, in der Frauen benutzt, definiert und ihres Person-Seins beraubt werden. War mit Zärtlichkeit schon ein Teil solcher Männerwelt attackiert, so wird sie mit Eros aus den Fugen gerissen. War Zärtlichkeit ein eher sanfter, gewaltfreier Angriff, so wird Eros zum revolutionären Fanal in einer Welt, in der jetzt Frauen die Definitionsmacht ergreifen und Eros aus einer engen sexuellen Konnotation zu einer Urmacht leidenschaftlicher Selbsterkenntnis, Menschen- und Weltbeziehung befreien. Entdecken Männer mit Zärtlichkeit ihren verlassenen Körper wieder, wollen sie die Welt wieder mit einem mutigen Schritt zur Zärtlichkeit ertasten, d. h. reparieren, so stoßen Frauen auf Verletzungen, die nicht einfach reparabel sind. Sie können nur geheilt werden, wenn Frauen diese Welt verlassen und ihre eigene Lebensgestaltung beginnen. Es geht hier nicht mehr nur um Defizite der Gesellschaft. Es geht darum, deren Zerbrochensein zu sehen, die sich in den Frauen spiegelt.

Eros und Zärtlichkeit haben trotzdem viel gemein. Beide sind spontane, irrationale Liebesattacken in einer liebestoten Welt. Ihre Differenz sehe ich darin, dass Frauen die ihnen abgesprochene und vergällte Lust nun auf den Kopf, besser auf die Füße der Wirklichkeit stellen und zum Prinzip der Welt erklären. Aus der eher zaghaften, lustvollen Zärtlichkeit wird eine revolutionäre, lustorientierte Leidenschaft.

Wie wenig diese »Lust« aber mit unserer individualistischen, bürgerlich-egoistischen Lustvoreingenommenheit zu tun hat, zeigt die Soziologin Christina Thürmer-Rohr. Für sie gibt es zwei Dimensionen solch erotischer Lust:

Erstens ist für sie die Lust zur Welt angesichts ihrer Zerstörung lebenswichtig und der Lust-Verlust lebensgefährlich. Treten wir erotisch, lustvoll liebend in ein neues Verhältnis zur Welt, bekommen wir ein neues Verhältnis zu ihr, dann bekommen die Dinge, die Menschen eine neue Qualität. In solcher Berührung, in solchem Berührtwerden verlieren wir unsere Gleichgültigkeit.

Zweitens entsteht dadurch eine neue Beziehungskultur, in der die andere, der andere entdeckt werden in seiner Leben-gebenden Energie. Auch mit »Zärtlichkeit« wurde etwas berührt. Doch hier in dieser Eros genannten Beziehung erfolgt überhaupt erst die Menschwerdung des Menschen. Erotik ist unser Verlangen nach wechselseitiger Verbundenheit. Ich brauche dich, und ich werde gebraucht. Du brauchst mich, und du wirst gebraucht. In

Gegenseitigkeit, in gegenseitigem Nehmen und Geben geschieht überhaupt Menschwerdung.

Diese Lust ist wie eine »sinnlich fühlbare Brücke« zur Welt und zu den Menschen. »Sie herzustellen, sie zu begehen und ihr Einbrechen immer wieder zu verhindern, ist die Liebestat zur Welt hin.«[11] Lust ist ein Potential in uns allen. Mehr als bei Männern ist sie allerdings bei Frauen eine zugeschüttete Quelle der Macht, aus der Veränderung kommen kann.

Das Eros-Bübchen der griechischen Sagen, illegitim, aber von göttlicher Abkunft, unberechenbar und meist verwirrend, ist wieder zur Urmacht geworden, die es einmal war. Eros ist zum Schlüssel für viele neu zu definierende Beziehungen geworden und begegnet in den unterschiedlichsten Bereichen. So kann z. B. von Evelyn Fox Keller vorgeschlagen werden, statt der erobernden Termini in der Forschung liebende, erotische Vorstellungen zu verwenden. Statt das Objekt des zu Erforschenden zu durchdringen (parallel zur männlichen Lust!), sollten Subjekt und Objekt in ihrer Bezogenheit gesehen werden, eine Bezogenheit, in der es Intimität und Distanz, Mitgefühl und Respekt vor dem Anderen gibt. Die höchste Form der Liebe ist für sie eine Liebe, die Intimität gestattet, ohne die Unterschiedlichkeit zunichte zu machen.[12]

Eros im Christentum

Ein anderer Bereich, in dem Eros neu auftaucht, ist die Feministische Theologie. Hatte schon Böll den zärtlichen Jesus entdeckt, der heilt, mit Speichel berührt, war Jesus bei Marti als »nicht genital fixierter Phallocrat« beschrieben, um den herum es ein Fluidum von Freiheit und Eros gab, so dreht Eros als *»erotic power«* die Beziehungen noch einmal um.

Bei der amerikanischen Theologin Rita Nakashima

Brock ist Jesus nicht mehr allein zu denken, sondern nur in der Gemeinschaft solcher erotischen Macht, die ihn – vor allem – mit den Frauen verbindet. Er brauchte Menschen, die ihn befreien, wie er Menschen befreite zur Macht des Eros. So ist für Brock auch nicht mehr der Christus das Zentrum des Christentums, sondern die »Christa/Community« (S. 48), wo diese erotische Macht der Gegenseitigkeit wirksam ist, die Lebensmacht, die uns von Anfang an begleitet, die die grundlegende Seinsmacht ist.[13]

In der Feministischen Theologie schließlich wird nicht nur nicht der Gegensatz von Eros und Agape verneint, es wird auch nicht nur – wie es heute von männlicher Seite geschieht – die Liebe der Agape zum Eros ausgesagt (»Agape liebt den Eros!«), sondern es heißt, dass Eros durch Agape mitbestimmt wird.

1930 war ein Buch erschienen, das ganze Theologengenerationen geprägt und verklemmt hatte. »Eros und Agape« von Anders Nygren. In ihm galt Eros als die sich selbst suchende Liebe, während Agape die eigentliche, den Nächsten suchende christliche Liebe war.[14] Doch was wir im abendländischen Christentum einmal gelernt hatten, sieht heute auf biblischem Hintergrund ganz anders aus.

Im Hohenlied der Liebe (1 Kor 13, 12) sagt Paulus, dass die Liebe niemals aufhört. Glaube und Prophetie bleiben Stückwerk; erst im Schauen von Angesicht zu Angesicht vollzieht sich vollkommene Erkenntnis, wird die Liebe Wirklichkeit. In diesem Wort: erkennen »schwingt aber noch die hebräische Bedeutung der gegenseitigen Erkenntnis der Gatten als Umschreibung des Liebesvollzuges mit« (Dietmar Mieth).[15] Mit einem Ausdruck, der sowohl Erotik als auch Sex umfasst, wird also sowohl die Liebe Gottes zu den Menschen als auch die Beziehung des Menschen zu Gott ausgedrückt.

In der Geschichte der blutflüssigen Frau (Mk 5, 29.36) spielt ebenfalls das Wort erkennen – *gignoskein-jadah* eine wichtige Rolle, um das intime, körperhafte, geheimnisvolle Geschehen zwischen der Frau und Jesus auszudrücken. Von ihr heißt es nach der Berührung des Kleides Jesu, dass sie an ihrem Körper »spürte = erkannte«, dass sie von ihrer Plage gesund geworden war. Und von Jesus heißt es gleich darauf, dass auch er die Kraft »spürte = erkannte«, die von ihm ausgegangen war. In diesem Heilungsprozess ist etwas Gegenseitiges geschehen, ein Austausch erotischer-energetischer Kräfte.

Gotteserkenntnis, Erlösung und Heilung ist also im neutestamentlichen Denken noch ganz in der Sprache der Leidenschaft, Intimität und Erotik wiedergegeben. Das Wort »Eros« selbst kommt im Neuen Testament nicht vor, aber neue Forschungen haben ergeben, dass in dem neutestamentlichen Wort »Agape« auch die Bedeutung des Eros mitenthalten ist. Noch bei Maximus, »dem Konfessor« (6. Jh.) sind Eros und Agape in dieser Weise eng verbunden und kann der Eros Gottes die Liebe Gottes genannt werden:

»Die erste Ursache des himmlischen Eros ist Gott und zwar in grenzenloser und ursachenloser Weise. Wenn nämlich dieser Eros wirklich die Liebe ist und wenn geschrieben steht, dass Gott Liebe ist, dann ist es klar, dass der alles einende Eros, das heißt die Liebe, Gott ist.«

Und an anderer Stelle: »Sofern es Eros und Agape ist, bewegt es alles der Agape und des Eros Fähige zu sich hin ... Gott bewegt und wird bewegt ... als sehend ersehnt zu werden, liebend geliebt zu sein.«[16]

Doch mit Augustin, seinem Misstrauen gegenüber dem ohnmächtigen Willen des Menschen und seiner Verfallenheit an seine Triebe wurde Liebe in der abendländischen Theologie partialisiert und in eine hierarchische Ordnung gebracht. Gott und Mensch wurden in Distanz gesehen, und die Leidenschaft der Erotik passte nicht mehr in diese Gottesbeziehung, die für die frühe und die östliche Christenheit noch prägend war.

Doch die Liebe, die Jesus in den Evangelien zu sich selbst wie zum Nächsten erwartet, kann nur unter dem Aspekt liebender Leidenschaft, wie sie in der Erotik vorhanden ist, verstanden werden. Es ist eine Liebe, die ganz ist und ganz macht, die Kopf und Körper, die in unserer Kultur auseinander gebrochenen Bereiche, wieder zusammenbringt, die unsern Verstand und unsere Sinne zusammenbindet, unsern Willen mitsamt unseren Gefühlen in Bewegung bringt.

In heutiger Sprache ausgedrückt hieße dann Liebe, nach sich, den eigenen Wünschen und Sehnsüchten zu fragen und zu versuchen, davon etwas umzusetzen.

Nur im Begehren kommen wir uns näher, kommen wir dem/der anderen nahe. Eros ist für solche in die Tiefe gehende, neugierige, leidenschaftliche Zuwendung ein wiederzugewinnender Terminus.

Eine Schweizer Psychotherapeutin hat allerdings kritisch angefragt, ob dem Christentum noch soviel Kraft innewohnt, den Eros als zwischenmenschliche, göttliche Kraft wieder zu beleben. Die ursprünglich aus dem »Erosimpuls« heraus entstandene christliche Bewegung habe bald an Stelle des dynamischen zwischenmenschlichen Bezogenseins und Fließens, wie es Eros ausdrückt, die Agape gesetzt – eine »statische befriedigte und kontrollierbare Beziehung«. Und das eigentlich christlich-jüdische Eros-Ritual, das Abendmahl, sei durch die Negativ-Besetzung mit Schuld, Sünde und Liebesverweigerung entstellt worden.[17]

Können Frauen auch den Eros in den Kirchen wieder beleben? Werden Christinnen und Christen neuen freund-lichen Berührungen Raum geben?

Vom Eros der Hausarbeit

Wie können Frauen zunächst aber diese heilenden Energien für ihren Alltag abrufen? Wie sieht Eros, diese die Realität verwandelnde Energie in unseren täglichen Routinebeschäftigungen, aus? Wie können wir z. B. den Eros der Hausarbeit entdecken?

Hausarbeit hat traditionell wenig mit Gott zu tun und wird auch in der Theologie wenig reflektiert. Sie ist aber neuerdings zu einem Thema Feministischer Theologie geworden. Bei Luther tat zwar schon die Magd mit dem Besen einen Gottesdienst, doch sieht man bei ihm näher hin, so hatte er selbst Schrecken vor den Niederungen der Hausarbeit, den Windeln, den Kinderkrankheiten, dem Schmutz und ermutigte sich und andere, dies im »Glaubensgehorsam« zu tun. Von einem Eros, einer Liebe zu diesen Verrichtungen, die ja das Leben ausmachen, war noch nichts zu spüren.

Ina Prätorius hat in ihren Untersuchungen zur Hausarbeit deshalb von einer »materialen Spiritualität« gesprochen. Mit Spiritualität will sie »das unmittelbare Wahrnehmen von Sinn bezeichnen, das sich im Zuge einer bestimmten Tätigkeit im Bewusstsein einstellt und das als heilsam, beglückend, verbindend, in einem positiven Sinn Ordnung schaffend empfunden wird.« Es sind Erfahrungen, die sie auch von klassischen spirituellen Übungen her kennt.

Hausarbeit bezieht sich für sie nun aber wie ein Ritual auf die täglichen Bedürfnisse von Kindern, Frauen und Männern und dient dem alltäglichen Leben. Ferner ist sie unmittelbar sozial und zielt auf das Zusammenleben von Menschen. Drittens schafft sie aus dem ständigen Chaos wieder Ordnung, eine heilsame Ordnung, auch wenn sie schnell wieder in ein ebenso heilsames Chaos zurückfallen kann. Viertens kann solche Art Arbeit aus notwendigen Lebensvollzügen genussvolle Lebensvollzüge schaffen, z. B. in der unspektakulären Ästhetik des Alltags. Und fünftens dient sie der Erhaltung von Leben. Hier liegt auch im kleinen Rahmen der Sinn für den größeren Rahmen, die Politik, verborgen:

»Wenn Hausarbeit gerecht auf alle verteilt ist, ist sie nicht mehr Dienst der Mägde an den Herren, sondern Dienst aller an allen: Gegenseitigkeit.«[18]

Eine andere Seite von solcher Utopie der Gegenseitigkeit ist für Prätorius Zärtlichkeit. Sie bezeichnet eine Liebe zu den kleinen Dingen, die durch die »Transformation des Trivialen« wieder ans Licht kommen. Ich selbst sehe Zärtlichkeit in großer Nähe zu Eros, der aufdeckenden, leidenschaftlichen, suchenden Liebe. Und wie Zärtlichkeit eine »Anarchistin« genannt wird, die zu Tage tritt, wo keine Herrschaft mehr stattfindet (Kurt Marti), so schafft auch Eros herrschaftsfreie Räume, in denen Gerechtigkeit und Gleichheit zu Hause sind.

Sehen wir Hausarbeit unter diesem umfassenden erotischen Bild, so tut sich in unserem kleinen Kosmos, dem *Oikos*, der große Kosmos Gottes auf. Er spiegelt sich in der Hausarbeit: in den alle miteinander verbindenden Energien, die sie freisetzt, in den heilenden, unseren Körper und unsern Geist nährenden Funktionen, in der das Chaos ordnenden und nie die Ordnung zum göttlichen Prinzip machenden Schöpferkraft, im Genießen der Ästhetik angesichts des Unvollkommenen, im Entfernen und im heiteren Ertragen des immer wiederkehrenden Schmutzes und Staubes.

Erotik als Lebensmittel – wie es Audre Lord verstand – reicht in die vergessenen Bereiche, die heute durch Frauen wieder Anspruch auf Sinn und Verwirklichung von Gerechtigkeit bekommen.

Die Wiederentdeckung von Zärtlichkeit und Eros sind zuweilen pathetisch anmutende Versuche, die alte christliche Liebe neu lebbar zu machen und anstelle starrer

Strukturen freund-liche Berührungen zu setzen. So unterschiedlich beide sind, so anders ihr Sitz im Leben ist, so sind sie doch in ihrer Leidenschaft fürs Leben in folgenden Punkten eins:

Mit ihnen werden verschüttete Lebenskräfte wieder aufgedeckt, durch die wir erfahren, dass der Kopf/Geist nicht mehr über den Körper herrscht, dass die Sinne nicht mehr entschwinden müssen und der Körper wiederkehrt.

Menschen sind nun nicht mehr vereinzelte Individuen, sondern sind bezogen auf den anderen/die andere, in deren Berührung und Berührtwerden Heilung und Menschwerdung geschieht.

Geheilt wird auch das Kleine, Banale, Triviale durch Aufmerksamkeit, Zärtlichkeit, Genauigkeit, und darin geschieht Gerechtigkeit.

Die Heilung der Zerbrochenheit, Dürre und Trostlosigkeit dieser Welt wird nicht in ein Jenseits verlagert, sondern geschieht hier in der Lust, in der wir uns der Welt zuwenden und sie mit unseren gegenseitigen Energien verwandeln.

Zärtlichkeit und Eros sind Möglichkeiten, sich sich selbst, den Menschen und der Welt neu zu nähern. Ein Weg, auf dem wir verletzt werden. Ein Weg aber gegen Verhärtung und Zerrissensein und ein Versuch der Heilung und Freundschaft.

Mein Körper – meine Freundin

Es gibt aber nicht nur eine Freundschaft von Person zu Person, sondern – wie der brasilianische Befreiungstheologe Rubem Alves schreibt – auch eine »Freundschaft zwischen Mensch und Ding, Mensch und Tier, Mensch und Pflanze«.[1] Freundschaftsdenkerinnen wie McFague und Carter Heyward haben ebenfalls schon darauf hingewiesen. Wer sich in der Freundschaft mit Gott frei und unbekümmert weiß, der/die erfährt auch eine neue freund-liche Beziehung zur eigenen Umwelt. Eine wichtige aber bisher kaum thematisierte Freundschaftsbeziehung aus diesem Bereich sehe ich in der Freundschaft mit dem eigenen Körper. In der abendländischen Christengeschichte war der Körper eher als Feind denn als Freund angesehen. Gott und Körper konnten nicht zusammengedacht werden, und der Stoßseufzer des Paulus: »In meinem Fleisch wohnt nichts Gutes« hat eine lange, tragische Geschichte von Körperhass und Körpermisstrauen nach sich gezogen. Und in der Tat, wer die durch Krieg, Krankheit und Katastrophen zerstörten Körper auf unserer Erde sieht, wer die Gewalt, den Hass und die Brutalität, die in Menschen schlummert und nicht aufhört durchzubrechen, wahrnimmt, wird dem Apostel Recht geben müssen. Menschliche Körper mit ihren Begierden und Trieben, menschliche Körper als Schauplätze für Zerstörung schrecken und lassen viele Menschen lieber in scheinbar unberührbare Reiche des Geistes oder der Seele fliehen.

Aber die christliche Tradition spricht auch eine andere Sprache: Gott wurde Mensch, und diese Körperwerdung Gottes fordert heraus, neu nach unseren Körpern und ihrem Anteil am Göttlichen zu fragen. In den Evangelien wird auch nicht der unzuverlässige Körper beklagt. Im Gegenteil: Die Evangelien sind als eine faszinierende Körpergeschichte zu lesen, in der die kranken, gedemütigten, zerstörten, dem Tode ausgelieferten Körper geheilt, aufgerichtet, ermutigt und dem Leben zurückgegeben werden. »Was ist leichter zu sagen«, fragt Jesus seine Gegner, »›Dir sind deine Sünden vergeben‹ oder ›steh auf und gehe‹?« Und er gibt selbst die Antwort, indem er zu dem Kranken sagt: »Nimm dein Bett und geh!« Unsere auf Sünden-Vergebung konzentrierte Kirchenkultur sollte nachdenklich werden, wie sie noch immer an den Körpern von Menschen vorbeilebt.

Wenn wir heute neu nach dem Sinn von Körperwerdung fragen, dann geht das aber nur, wenn wir die ebenso tief in der christlichen Tradition schlummernde Geschichte der Frauenkörperverachtung aufdecken, neu lesen und von hier aus noch einmal ansetzen, Gott und Körper wieder zusammen zu sehen. Das heißt, dass wir nach den Beziehungen zu unseren Körpern fragen und die Körperangst des Paulus und den Körperhass, der seit Augustin und seiner Trieblehre die Christenheit plagt und sich inzwischen zu einem fatalen Körpermisstrauen gewandelt hat, ersetzen durch einen neuen Umgang mit dem eigenen Leib, den ich als Freundschaft bezeichnen möchte. Und wie in jeder Freundschaft an erster Stelle Vertrauen steht, so wird auch Vertrauen in unsere Körper der wichtige Schritt zu solcher freund-lichen Beziehung sein, in der nicht Ausbeutung, Gleichgültigkeit, Ängstlichkeit bestimmend sind.

Wenn ich mich aber in der Feministischen Theologie umsehe, dann fällt auf, wie wenig solcher Freundschaft bisher Ausdruck gegeben ist. Feministische Theologie hat bis jetzt wenig Glaube, Hoffnung und Liebe an unsere Körper verschwendet. Da wird eher vorm Jubel über unsere Körperlichkeit gewarnt. Da wird ständig ein Rückfall in biologisch missverstandene weibliche Körpervorstellungen befürchtet. Da wird der Vorstellung von Ganzheit misstraut, obwohl sie nie statisch, sondern stets dynamisch gedacht ist. Da ist frau ängstlich bedacht, dass unsere Aggressionslust nachlässt und wir blauäugig und voreilig in eine heile Körperwelt einziehen. Lediglich in den Visionen einer Frauenkirche, wo Wunden verbunden werden und Heil gefeiert wird, oder in den Utopien einer neuen Gesellschaft und ihres Kollektiv-Körpers riskieren Frauen einen Blick in eine andere Welt. Doch wie gelingt es mir selbst, meine Gespaltenheit zu heilen?

Besser sieht es für mich bei den religiösen Feministinnen aus, die das Sünde-Konflikt-Denken der christlichen Theologie von sich abgeschüttelt haben und wie die Amerikanerin Starhawk unbekümmert sagen können, dass das Bild der Göttin Frauen lehrt, »sich selbst als göttlich, ihre Aggressionen als gesund und ihren Körper als heilig« zu sehen.«[2]

Neue Körpererkenntnisse

Wie schwierig tatsächlich der Weg weg von Angst- und Fremdbestimmtheit des Körpers ist, zeigen gerade Medizinerinnen. Denn es geht einmal um unser eigenes Misstrauen und unsern eigenen Mangel an Körpervertrauen, und es geht um unser scheinbares Ausgeliefertsein an medizinisch-technische Entwicklungen unserer Gesellschaft. Viele Menschen, vor allem Frauen haben sich angewöhnt, missbilligend oder kontrollierend ihre eigenen Organe zu beobachten und in ihnen einen Feind des eigenen Lebens und Planens zu sehen. Gesundheitsmagazine, Medien mit einer Fülle von Informationen haben oft weniger den Effekt, aufzuklären als zu verunsichern und ängstliche Selbstbeobachtung und Krankheitsfurcht hervorzurufen. Dagegen wäre es gesünder, den Körper besser kennen zu lernen, seine Spannungen, Schwächen und Energien zu erfahren und ein Gespür für ihn zurückzugewinnen. Wie in jeder Freundschaft aber nur Gegenseitigkeit eine lebendige Beziehung schafft, so ist es notwendig, die Sprache des eigenen Körpers zu vernehmen, dessen Signale zu beachten und sie ernst zu nehmen, die natürlich in jeder Lebensphase unterschiedlich sein können. Andernfalls kann der Körper gereizt und mit Krankheiten reagieren. Durch eine neue Aufmerksamkeit kann aber ein »Körper-Selbst-Vertrauen«[3] sich entwickeln, auf Grund dessen die Ärztin Ingrid Olbricht sagen kann: »Mein Körper – meine Freundin«.

Gravierender und noch weniger durchschaubar sind die modernen Praktiken, die von der Medizin angeboten werden und scheinbar unerlässlich für die Gesundheit sind. Vor allem Frauen sind durch ihre Lebenszyklen von Schwangerschaft, Geburt, Menopause von ihnen abhängig. Der Frauenleib sei ein öffentlicher Ort, erklärte deshalb 1991 die Medizinhistorikerin Barbara Duden, der von allen Wissenschaften – Juristen, Medizinern, Theologen – be-spekuliert würde, aus dem das Kind eigentlich herausgelöst und isoliert sei und wo die Person und Würde des Frauenkörpers keine Rolle mehr spiele. 1997 erklärte Duden dann »das Streben nach Gesundheit« als ein »pathogenes Unterfangen« und dass das Bedürfnis nach Frauengesundheit Frauen heute entmächtige.[4] Die moderne Frau sei zum Risiko geworden, ein Risiko, dem man und frau mit der gesamten verfügbaren Medizintechnik begegne. Damit sei der Frauenkörper ein auf Medizin gegründeter, technogener Körper, ausgeliefert dem Wahn der Machbarkeit von Gesundheit. Ans Wohlsein eines konkreten, greifbaren Körpers sei oft kaum mehr zu denken, und der Kontakt mit der Medizin bringe oft mehr Verwirrung und Angst als Ermutigung.

Im Unterschied zu einem mechanistischen Gesundheitsverständnis, wie es auch die Weltgesundheitsorganisation vertritt: Gesund sein heißt, frei sein von Krankheiten, plädiert Duden für das Erlernen der *ars patiendi*, der Kunst des Leidens. Das ist kein Rückzug in Leidensmystik und Masochismus, keine Absage an Ärzte und Medizin, sondern meint, der Bewegtheit und Lebendigkeit des Körpergeschehens bewusst zu werden. Das heißt für mich, eine Freundschaft mit dem Körper zu erfahren, die im Auf und Ab, in Nähe und Distanz, in Schmerz und Lust gedeiht.

Hilfreich auf dem Weg zu einem eigenen Körper-Sein ist für mich auch die Entdeckung geistiger Körperfähigkeiten z. B. die Vorstellung, dass wir »mit dem Körper begreifen«. Das ist ein Ausdruck Christa Wolfs, der vermutlich von der amerikanischen Schriftstellerin Adrienne Rich beeinflusst ist, die *»to think through the body«* vorschlug.[5] Damit ist eine andere, uns oft kaum vertraute Körperdimension angesprochen, der wir uns ebenfalls durch Ehrfurcht nähern sollten. Wir meinen, mit einer rationalen Logik die Probleme des eigenen und öffentlichen Lebens lösen zu können, ohne die Gefühle, das Gespür dabei zu brauchen. Aber gerade über Gefühle, durch Spüren, durch die Sinne bekommen wir meist einen besseren Zugang zur Realität. Unser Körper ist ein denkendes, erinnerndes, vorausschauendes Organ, das Menschen klug und weise werden lassen kann und eine »vielwertige Logik« ermöglicht.[6]

Schon 1981 hatte die amerikanische feministische Theologin Beverly Wildung Harrison für die Moraltheologie den Versuch gestartet, *»to think through the body«*. Harrison basierte auf Rosemary Ruethers Forschung zu den unseligen Leib-Geist-Dualismen und den damit zusammenhängenden negativen Einschätzungen der Frau. Sie deckte eine entleiblichte Rationalität im männlichen theologischen Denken auf und forderte, dass Feministinnen »mit unserem Leib, unserem Selbst« beginnen. Alle Erkenntnis sei letzten Endes »leibvermittelte Erkenntnis«, die in unserer sinnlichen Wahrnehmung wurzelt. Diese aber vermittelt uns unsere Verbundenheit mit der Welt. »Wenn wir nicht tief in unserem Leib, in uns selbst leben, wird auch die Möglichkeit sittlicher Beziehung zwischen uns zerstört.«[7]

Wie sähe zum Beispiel eine feministische Leibtheologie aus, die mit dem Körper beginnt, alle blasse Begrifflichkeit entmachtet und auf die Füße der Realität stellt? Welchen Zauber in uns und unter uns könnten wir entfalten, wenn wir Geist im Leib in uns und unter uns wieder spüren und sehen lernten?

Sich von falschen Zuschreibungen befreien

Wie kommen wir nun aus unserer langen abendländischen, aufklärerischen, zwiespältigen und uns spaltenden Tradition heraus? Wie gelingt es mir, in Freundschaft mit dem Körper seine Eigenleiblichkeit zu achten oder sogar zu einer heiligen Materialität meines Körpers zu finden?

Zunächst muss ich mir klar machen, dass der freundschaftliche Weg zur Heilung des Körpers ein Prozess ist, so wie auch unsere Heilung von Trennungen und Abspaltungen einen Prozess bedeutet (S. 14). Gerade bei Frauen hat Anne Wilson Schaef die Beobachtung gemacht, dass für sie Heilen ein Prozess ist, der in den Kranken selbst beginnt.[8] Für Männer dagegen geschieht Heil meist von außen und ereignet sich jenseits ihrer Person. Heil/Heilen setzt also meine Mitbeteiligung voraus. In einem Prozess gibt es auch Stagnation oder Regression. Jede lineare Hast widerspricht einem lebendigen Prozess. Auch die Einbeziehung von Versagen und von Trägheit, die im kirchlichen Sündenkatalog einen vornehmen Platz hat, ist unerlässlich.

Ein wichtiger Schritt auf einem solchen Weg ist, sich der falschen Zuschreibungen, wie Körper sein sollen, bewusst zu werden. Es gibt die verschiedensten Zuschreibungen: Es gibt die Macht der Mode, die uns zwingt, dick, dünn, bleich oder braun zu sein, uns in hautengen Hüllen oder faltigen Roben wohl zu fühlen. Doch was tut *mir* gut?

Es gibt ferner die schon erwähnten medizinischen Zuschreibungen, die Frauen einen unzuverlässigen und von der Norm abweichenden Körper einreden und die Generationen von Frauen in ihrer sozialen demütigen Haltung bestärkt haben. Ferner gibt es die kulturellen Zuschreibungen, die uns bestimmen. Bis heute umgibt uns die Kultur eines allmächtigen Phallus, der bis hinein in viele psychotherapeutische Praxen ragt, ohne dass das eigene weibliche Geschlecht, die Klitoris in ihrer Bedeutung bekannt ist und Frauen sich ihres eigenen sexuellen Organs und ihrer eigenen sexuellen Bedürfnisse bewusst sind. Und schließlich schreiben wir uns selbst ständig zu, wie wir sein sollten: versiert, perfekt, effizient und zugleich hellhörig auf andere(s). Die Quadratur des Kreises, die Unmöglichkeit des Möglichen, ist vielen Frauen fast zum Modell geworden. Doch bin ich das, die in verschiedene Richtungen sich auseinanderreißt? Der Körper ist verstummt, die Sinne funktionieren nur in einmal erlernter Richtung, die Träume werden nicht mehr wahrgenommen. Die fremdbestimmte eigene Stimme wieder zu erkennen, ist vielleicht der komplizierteste Akt in diesem Prozess des Heilwerdens.

Heilende Selbstsicht

Doch wem es gelingt, den Grauschleier von fremden Zuschreibungen und eigener Fremdbestimmung beiseite zu schieben, dem/der tut sich ein weites Neuland auf. Aus unheilvoller Fremdbestimmung kann frau zu Freundschaft und heilender Selbstsicht erwachen. Die kann auch erschrecken. Die kann schmerzhaft sein angesichts des Versäumten. Aber eigentlich ist es ein Wunder der Neuschöpfung, das sich vor uns auftun kann: das Wunder, das an mir und meinem Körper sichtbar werden kann, wenn die schlummernden Talente, die nie in Gang gesetzten Energien hervortreten. Mein Körper bin ich. Mein Körper ist nicht ein starres Gehäuse, sondern ein Energiefeld ungeheuren Ausmaßes. Mein Körper – meine Freundin, in dem ich mit allem, was in ihr ist, mit dem, was mir Angst, und mit dem, was mir Lust macht, in Freundschaft leben kann.

Viele Frauen erfahren ihren Körper in solchen Prozessen als Ganzheit, nicht mehr aufgespalten in Gefühl und Verstand, der Körper nicht mehr enthauptet und der Kopf nicht mehr entleibt. Die »illegitimen« Bereiche unserer Person – illegitim, weil irrational – bekommen wieder Wert. Manche Frauen entdecken die Berechtigung ihrer eigenen sexuellen Wünsche, die sich nicht nur im Koitus, sondern im ganzheitlichen Erfassen des Gegenübers erfüllen. Andere erleben beglückt, dass sie denkend fühlen und fühlend denken. Für einige ist die scheinbare Trivialität ihrer Haus- und Alltagserfahrungen jetzt Quelle eigenen Urteils. Sie entdecken Hausarbeit, diese oft ungeliebte Körperarbeit als sinnstiftende, Chaos-bannende Arbeit in der Schöpfung, die zur Erfahrung einer »materialen Spiritualität« werden kann[9] (S. 120).

Auch die Sinne gehören in diesen kosmischen Reigen, in dem ich mich zu bewegen lerne. Nicht die Sinne, die Frauen schon immer zugeteilt wurden: der Sinn fürs Gemüt und fürs Gemütliche, eher die Eigensinne, die Kindern, vor allem aber Frauen früh aberzogen wurden. Unsere Sinnesorgane sind inzwischen eindimensional dressiert: Wir hören mit den Ohren und ge-horchen. Doch unsere eigene Stimme und die vielen leisen Stimmen in unserer Welt lernen wir erst wieder zu hören. Unsere Augen sind zielgerichtet auf Objekte, doch das Schauen nach Innen und das Schauen des Unsichtbaren haben wir selten geübt. Doch unsere Sinne sind fähig, Unerhörtes und Unscheinbares aufzunehmen. Durch sie wird unser Körper ein kleiner Kosmos voller Erfahrungen und voller Erkenntnisse, ein schöpferischer Ort.

Nelle Morton, die feministische Theologin der ersten Stunde, hat sogar einmal von einem fruchtbaren Chaos in uns gesprochen, wenn unsere Sinne durcheinanderwirbeln und etwas von Ganzheit spürbar wird. »Wir lernen mit dem ganzen Körper zu horchen, mit dem Auge zu hören, mit dem Ohr zu sehen und mit dem Gehör zu sprechen, weil wir wissen, dass der Geist gegenwärtig ist und zwar dynamisch und nicht statisch.«[10]

Schon immer war Erleben von Ganzsein in Ekstase, im Gebet, in der Versenkung Ausdruck höchster Religiosität. Jetzt erleben Frauen in vielen tausend alltäglichen Erfahrungen ihren Körper als Ort des Heils und der Heilung. Ganzheit ist auf die Erde zurückgekehrt, hat Füße und Hände bekommen, ist geerdet.

Natalität und Neugier

Wenn wir Frauenkörper als Orte einer heilenden Beziehung sehen lernen, muss zuletzt noch ein Blick zurückgehen auf den Eintritt unseres Körpers in die Welt, auf unsere Geburt. Sie stand im Christentum stets im Schatten der Wiedergeburt und der Taufe. Sie war lange mit Unreinheit stigmatisiert. Natalität – unser Geborensein war stets weniger wichtig als Mortalität, unsere Sterblichkeit. Um sie rankte sich abendländische Philosophie und Theologie, die vor allem fixiert war auf Kreuz und Tod. Die Philosophinnen Hannah Arendt und Annegret Stopczyk[11] haben der Geburtlichkeit wieder einen zentralen Platz in ihrem Denken gegeben und unsere Blicke auf das Wunder unserer frühen Körper gelenkt. Statt fixiert zu sein auf das lineare und unausweichliche Auslaufen unseres Lebens im Tode, könnten wir uns orientieren an unserem Geborensein als nie verlorengehende Lust zu Neuanfang und Überraschung.

»Uns ist ein Kind geboren«, so begründet Hannah Arendt diese Lebenssicht. Wir sind ebenfalls Geborene, die nicht erst durch die reinigende Taufe – wie es manche Kirchen noch heute sehen – zur Gotteskindschaft und Gottesfreundschaft kommen, sondern durch unser Geborensein, unser Geschaffensein. Freundschaftsdenken beseitigt die Sperren, die uns den unmittelbaren Zugang zu Gott und Göttlichem verbaut haben.

In diesem Geborensein, in unseren Körpern liegt – so sehe ich es – eine tiefe und schöne Neugier auf das Leben verborgen, Neugier, wie sie Thürmer-Rohr für die Begegnung mit Anderen für notwendig hält (S. 100). Neugier hat etwas unbekümmert Animalisches an sich. Sie motiviert das kleinste Kind, seine Fähigkeiten und die Umgebung zu entdecken, weckt die Sinne auf und bringt die Glieder in Bewegung. In der durch Augustin verseuchten christlichen Anthropologie gehörte sie zur bösen Gier, zu den Süchten und Trieben, die Menschen beherrschen mussten. Doch für mich gehört Neugier zu den kaum bewussten Fähigkeiten, die mit unserer Geburt in unsere Körper eingepflanzt sind. Neugier ist die Liebe, der Eros zu Neuem, zum Verwandeln, zum Anderssein, zur Zukunft. Sie kann in falsche Kanäle geleitet werden, aber sie bleibt eine eigenwillige, schöpferische Körperenergie, die über unsere rationale Vernunft hinausgeht und deren positive Kräfte wir überrascht annehmen können. Nach einer Trauerzeit, die dem Tode ihres Mannes folgte, beschrieb Marie-Luise Kaschnitz ihre Rückkehr ins Leben als Rückkehr ihrer Neugier:

> Meine Neugier, die ausgewanderte, ist zurückgekehrt.
> Mit blanken Augen spaziert sie wieder
> Auf der Seite des Lebens … [12]

Sie ist im alten und im jungen und im kranken und behinderten Körper vorhanden. Sie kann absterben, aber sie kann auch mit jedem Atemzug, den wir tun, mit jedem Atem, den wir vernehmen, aufflammen. Sie weiß nicht, was morgen kommt. Sie weiß aber, dass ich morgen Dinge erlebe, die ich noch nie erlebt habe. Und sie weist über den Tod meines eigenen Körpers hinaus auf göttliche Schöpferkräfte, die nicht mit meiner Wahrnehmung enden und für die das Wort Auferstehung steht.

Freundschaft mit der Erde

So notwendig wie wir eine neue Beziehung zu unserm Körper brauchen, so notwendig ist es, unsere ökologischen Raster einmal wieder zu überprüfen.

Dass die Bibel Menschen auffordert, Herrschaft über die Erde auszuüben, ist inzwischen zwar längst revidiert. »Macht euch die Erde untertan« umschreibt besser die schützende Aufsicht des Hirten über seine Herde als Herrentum und Ausbeutung. Doch dass Menschen in Freundschaft mit der Erde leben können, haben bisher nur wenige gedacht. Ein Kindergedicht über den Freund macht darin eine Ausnahme, wenn es Baum, Bach und Wind zu Freunden des Menschen erklärt:

Ein Baum kann auch dein Freund sein;
Er spricht nicht zu dir, aber du weißt,
er hat dich gern, weil er dir Äpfel gibt
oder Birnen oder Kirschen
oder auch einen Ast zum Schaukeln.

Ein Bach kann auch dein Freund sein,
ein ganz besonderer.
Wenn er gluckert und plätschert,
dann spricht er mit dir.
Er kühlt dir die Zehen,
er lässt dich still an seinem Ufer sitzen,
wenn du nicht reden magst.

Auch der Wind kann dein Freund sein.
Er singt sanfte Lieder für dich in der Nacht,
wenn du müde bist und allein.
Manchmal ruft er dich zum Spiel.

Er schiebt dich vor sich her
Und lässt die Blätter für dich tanzen.
Er ist immer um dich,
wohin du auch gehst,
und darum weißt du,
er hat dich gern.[1]

Oder, wenn Carter Heyward oder Rubem Alves von der »Freundschaft mit Tier und Pflanze« schreiben, eine Ökologiebewegung sich »Freunde der Erde« (*Friends of the Earth*) nennt [2] oder ein Liedvers heißt: »Du Gott, Freundin der Menschen, Freund der Erde«.[3]

Doch man ist heute weniger an solchem Freund-Sein der Natur interessiert als an der Entwicklung eines fürsorglichen, väterlich-mütterlichen Vokabulars, um einen neuen Umgang mit Natur, mit der Erde zu signalisieren. Da werden traditionsreiche theologische Worte wie Versöhnung mit der Natur (EKD), Befreiung der Natur (so die Befreiungstheologie), Schützen und Heilen der Schöpfung (Evangelical Declaration), die Rechte der Natur einlösen (Reformierter Weltbund) gebraucht. Da wird vom Bewahren der Schöpfung (konziliarer Prozess) und von der »Erneuerung« des Antlitzes der Erde geschrieben – ohne zu bedenken, dass mit solchen Begriffen doch bei allem guten Willen auch an eine Machbarkeit solchen Heilens, Versöhnens, Bewahrens gedacht ist, die versteckte Herrschaft sein kann. Das Objekt solcher Fürsorge scheint dezimiert, schwach, hilfsbedürftig, erregt Mitleids- und Schuldgefühle und ist in seiner Eigenwürde und Selbständigkeit gar nicht mehr gesehen.

Auch der gebräuchliche Zuname »Mutter«, Mutter Erde, Mutter Natur verführt – wie Mary Hunt zu Recht meint[4] – zu der Vorstellung, dass die Mutter ihre Aufgabe des Gebärens getan habe, nun alt wird und irgendwann stirbt, wo es doch mit ihr um die Probleme des Lebens geht! Ebenso kritisch sieht Rudolf zur Lippe diesen Mutter-Beinamen, der etwas »zum Ankuscheln« vermittelt, wo man alle Ansprüche los wird.[5]

Sprechen wir dagegen von der Erde als Freund oder Freundin, dann wird die Gegenseitigkeit dieser Beziehung sichtbar, aus der Lebendigkeit und Verantwortung für die Gegenwart kommt. Mutterbilder können verführen. Freund(in)bilder fordern neu heraus.

Diese Eigenständigkeit der Erde wird heute aus unterschiedlichen Quellen wieder sichtbar: aus der modernen Naturwissenschaft, aus der Bibel und aus persönlichen Erfahrungsberichten. Lesen wir diese Quellen zusammen, gibt es ein ungewöhnliches, faszinierendes Bild von der Grundlage, auf der wir leben und von der wir leben.[6]

Ich sehe vier eigenständige und eigensinnige Fähigkeiten der Freundin Erde, mit den Menschen umzugehen:

Die schöpferische Erde

Schon im ersten Schöpfungsbericht ist die »Untertanin« Erde, von der später eine so fatal verstandene Wirkungsgeschichte ausging, auch als Akteurin gesehen. Zwar wird Gott als der Initiator des Schöpfungsgeschehens geschildert, indem er spricht, aber zugleich wird auch der Erde eine selbständige Funktion zugetraut.

»Und Gott sprach: Es lasse die Erde aufgehen Gras und Kraut, das Samen bringe, und fruchtbare Bäume auf Erden, die jeder nach seiner Art Früchte tragen, in denen ihr Samen ist. Und es geschah also. Und die Erde ließ aufgehen Gras und Kraut, das Samen bringt, ein jedes nach seiner Art ...« (Gen 1, 2f.)

Dieselbe Autarkie gesteht auch der Verfasser des Markusevangeliums der Erde zu. Er lässt Jesus sagen:

»Mit dem Reich Gottes ist es so, wie wenn ein Mensch Samen aufs Land wirft und schläft und aufsteht, Nacht und Tag, und der Same geht auf und wächst – er weiß nicht wie. Denn von selbst bringt die Erde Frucht, zuerst den Halm, danach die Ähre, danach den vollen Weizen in der Ähre ...« (Mk 4, 26f.).

In beiden Fällen kommt der Anstoß von außen: das Wort Gottes, der Same des Sämanns, doch der Akzent und die Bewunderung in diesem Prozess gilt der Erde und ihren verschiedenen Prozessen des Wachsenlassens. Sie ist die Herrin der Pflanzen. Wie die Erde sprossen lassen soll (*blästano*), so sprosst der Same. Das gleiche (griechische) Wort aus der Schöpfungsgeschichte hat der Verfasser des Markusevangeliums genommen. Beide Texte sind wohl bewusst aufeinander bezogen. Die Erinnerung an die Erde als *mater terra – magna mater* ist im jüdisch-christlichen Schöpfungsglauben erhalten geblieben. Auch das aus Kosmogonien bekannte Bild von der Erde als Gebärerin der Tiere, als »Herrin der Tiere« konnte in diesem Schöpfungsbericht Platz finden:

»Und Gott sprach: Die Erde bringe hervor lebendiges Getier, ein jedes nach seiner Art, Vieh, Gewürm und Tiere des Feldes, ein jedes nach seiner Art. Und es geschah also« (Gen 1, 24).

Nach der »Gaja-Hypothese«, die J. E. Lovelock naturwissenschaftlich entwickelt hat, ist die Erde mit ihrer Atmosphäre und ihrer Biosphäre, dem ständigen Zustrom der Sonnenenergie, den regelmäßigen Temperaturschwankungen usw. ein lebendiger Gesamtorganismus, ein Energie aufnehmendes, sich selbst regulierendes, offenes Lebenssystem, dem eine Subjektivität eigener Art zuzuschreiben ist.[7]

Die für Gerechtigkeit eintretende Erde

In einem alten Text, der den Brudermord Kains an Abel erzählt, wird die Erde sogar als selbsttätige, Gerechtigkeit schaffende Kraft geschildert:

»Da sprach der Herr zu Kain: Wo ist dein Bruder Abel? Er sprach: Ich weiß nicht; soll ich meines Bruders Hüter sein? Er aber sprach: Was hast du getan? Die Stimme des Blutes deines Bruders schreit zu mir von der Erde. Und nun: Verflucht seist du auf der Erde, die ihr Maul aufgetan und deines Bruders Blut von deinen Händen empfangen hat. Wenn du den Acker bebauen wirst, soll er dir hinfort seinen Ertrag nicht geben. Unstet und flüchtig sollst du sein auf Erden« (Gen 4, 9–12).

Die Erde schluckt also das ungerecht vergossene Blut und verweigert dem Übeltäter Ruhe, Fruchtbarkeit und Erfolg.

Dieser Gedanke ist im Neuen Testament wieder aufgegriffen worden. In einer Rede gegen Schriftgelehrte und Pharisäer soll Jesus gesagt haben: »... damit über euch komme all das gerechte Blut, das vergossen ist auf Erden von dem Blut des gerechten Abel an bis auf das Blut des Secharja, des Sohnes Berechjas, den ihr getötet habt zwischen Tempel und Altar« (Mt 23, 35).

Eine Verbindung von Blut und Erde sehe ich in der Gethsemaneszene, wie sie Lukas erzählt. Danach rang Jesus mit dem Tod, betete heftiger und

»sein Schweiß wurde wie Blutstropfen, die auf die Erde fielen« (Lk 22, 44).

Die Erde ist mit dem Unrecht der Einsamkeit und Verfolgung Jesu verseucht. Während seiner Sterbestunden wird das Land von Finsternis heimgesucht. Wie in dem archaischen alttestamentlichen Text klagt auch hier die Erde an. Ihr Schmerz ist die Ungerechtigkeit, und sie erhebt ihre eigenwillige Stimme.

In der Endzeiterwartung des Jesaja heißt es, dass die Erde die Toten herausgeben wird (Jes 26, 19) und sie »das Blut, das sie trank«, wieder aufdeckt und »die Ermordeten nicht mehr in sich verbirgt« (Jes 26, 21). Mehr als tausend Jahre später warnte Hildegard von Bingen vor den Folgen menschlicher Dummheit gegenüber der Erde: »Die gewaltige Stimme aber … deutet auf die Klage hin, welche die Elemente mit wildem Geschrei ihrem Schöpfer vortragen. Nicht in menschlicher Weise hörst du sie reden, sondern mit allen Zeichen ihrer augenscheinlichen Unterdrückung … So oft auch die Elemente der Welt durch die schlechten Taten der Menschen geschändet wurden, wird Gott sie durch die Qualen und Drangsale der Menschen wieder reinigen.«[8]

Und 700 Jahre später lässt Dostojewskij Sonja zu dem Mörder Raskolnikow sagen: »Küsse die Erde, weil du vor ihr gesündigt hast.«[9]

Doch genügt solche Genugtuung noch? Ein Theologe und Geologe warnt heute, dass sich die »Anzeichen einer Antwort in Form massiver Vergeltung« mehren. Die Erde – so sehen es jetzt schon aufmerksame Menschen – ist nicht passiv und stumm. Sie ist lebendig und protestiert. »Die Erde ist nicht tot«, erklärte die koreanische Theologin Chung Hyung Kyung der Weltkirchenversammlung in Canberra 1991. »Sie lebt und ist erfüllt von schöpferischer Energie. Die Erde ist ein von Gott behauchter und von Gott durchtränkter Ort. Die Menschen haben die Erde lange Zeit ausgebeutet und vergewaltigt, jetzt beginnen die Natur und Erde sich an uns zu rächen. Sie verweigern uns sauberes Wasser, saubere Luft und andere Nahrungsmittel, weil wir uns so schwer an ihr versündigt haben.«[10]

Die Erde lässt sich nicht beherrschen, und sie lässt sich nicht unterkriegen. Wie sie nach altem Verständnis das Blut der Opfer trank und mit ihm die Erinnerung an Gewalt und Bosheit bewahrte, so vergisst sie auch nicht die Vergewaltigungen, die Menschen ihr bis heute antun. Sie ist verletzbar, aber sie kann auch verletzen. Eine alte Ehrfurcht und eine neue Furcht, die sie wieder ehren lehren könnte, verbinden sich heute zu einer demütigen Anerkennung ihrer Eigenständigkeit.

Die helfende Erde

Eng verwandt mit der Vorstellung der gerechten und richtenden Erde ist der Aspekt ihrer verschlingenden Kraft. Sie trinkt nicht nur voller Mitleiden das Blut der Opfer und erinnert an die Gewalttaten. Sie verschlingt auch die Bösen. Sie ist nicht nur rezeptiv, klagend, leidend und schließlich vergeltend. Sie ist auch eine höchst aktive Instanz für die irdische Gerechtigkeit. Auch darin ist sie wieder eine Partnerin Gottes. In Moses Lobgesang über die Vernichtung der Ägypter im Schilfmeer heißt es: »Da du deine Hand ausstrecktest, verschlang sie die Erde« (Ex 15, 12). Dramatisch wird auch über die aufständische Gruppe um Korah berichtet, dass die Erde ihr Maul auftat und sie verschlang (Num 16, 28ff.).

Die Erde reinigt sich selbst, und dabei verschlingt sie nicht nur *die* Bösen, sondern auch *das* Böse, das Leben bedroht. In einer einzigartigen biblischen Szene, die in der Apokalypse beschrieben ist, trinkt die Erde den Wasserstrom eines Drachen, der die schwangere Frau zu ertränken droht:

»Und als der Drache sah, dass er auf die Erde geworfen war, verfolgte er die Frau, die den Knaben geboren hatte. Und es wurden der Frau gegeben die zwei Flügel des großen Adlers, dass sie in die Wüste flöge an ihren Ort, wo sie ernährt werden sollte eine Zeit und zwei Zeiten und eine halbe Zeit fern von dem Angesicht der Schlange. Und die Schlange stieß aus ihrem Rachen Wasser aus wie einen Strom hinter der Frau her, um sie zu ersäufen. Aber die Erde half der Frau und tat ihren Mund auf und verschlang den Strom, den der Drache ausstieß aus seinem Rachen« (Apk 12, 13–16).

Die positive Seite dieses Bildes: die verschlingende Erde als Helferin der apokalyptischen Frau, ist bisher selten beachtet worden. Die Erde, die als Helferin und Freundin des Menschen das Böse wegtrinkt, konnte sich schwer neben einem übermächtig werdenden Gottes- und Vaterbild behaupten. Heute wird diese Schwesterlichkeit der Erde und die Gegenseitigkeit, die wir mit den Elementen eingehen müssen, wieder entdeckt.

Eine feministische Theologin schreibt, wie sie für unsere heutige Situation die Szene mit Erde, Frau und Drachen der Apokalypse deutet:

»Im Wunder der kosmischen Erde gibt es noch eine andere Quelle als die, die ›Gott‹ genannt wird: Die Erde kommt ihr zuhilfe. Ohne Gewalt öffnet sie ihren Mund und schluckt das Wasser, das der Drache aus seinem Rachen gespien hatte. Wieder ein einmaliges Bild in der biblischen Tradition. Es ist schwierig, sich hier nicht die alte terra mater vorzustellen, die Erde, die das Wasser aufsaugt und ihre kosmische Schwester rettet. Beachten wir auch die Metaphern des Öffnens: Erde-Schoß-Drachen speien-schlucken-verschlingen.

Mich tröstet und ermutigt dieses Bild mehr als der messianisch-militärische Sieg. In diesem Buch der Bibel, das den ökologischen Schaden unseres Jahrhunderts vorwegnimmt, ist die Erde noch für uns da. Sie hat in sich selbst die Energie, das Leben zu retten. Heute wissen wir nur zu gut, dass die Erde unsere Hilfe braucht. Aber dieses Bild deutet für mich auf eine gegenseitige Beziehung hin, auf die jede echte Verantwortlichkeit gerichtet ist. Doch solche ökologische Gegenseitigkeit hat wohl kaum einen guten Stand in der christlichen Eschatologie, die als Vision der Transzendenz sich immer von der Erde wegbewegt, vorwärts, nach oben, immer weiter weg …

Beziehung zur Erde bedeutet darüber hinaus respektvolles Vergnügen an unserem natürlichen Körper. Und es bedeutet ein anhaltendes Bewusstsein der Vernetzungen, die uns als irdische Wesen aneinander binden.«[11]

Die verwandelnde Erdkraft

Ein weiteres Geheimnis der Erde neben ihrer Fruchtbarkeit und als Instanz für Gerechtigkeit ist ihre verwandelnde Kraft. Sie repräsentiert Tod und Leben, Absterben und Neuwerden. In der Aufmerksamkeit für sie kann eine befreiende Erfahrung von Verwandlung geschehen. Besonders im Neuen Testament, dessen Texte immer wieder um die Deutung und In-Besitznahme der Auferstehungsbotschaft kreisen, wird dieser Aspekt sichtbar.

Im Markusevangelium, das mit dem Gleichnis von der selbstwachsenden Saat (S. 137) die Selbsttätigkeit der Erde betont hat, fallen zwei Beispiele für die verwandelnde Kraft der Erde auf. In der Heilungsgeschichte des epileptischen Jungen steht ein scheinbar unscheinbarer Satz:

»Er fiel auf die Erde …« (Mk 9, 20).

Er findet sich in den späteren synoptischen Parallelgeschichten nicht mehr. Mitten im Heilungsprozess wird er gesagt, als der Junge herangebracht, die Krankheit geschildert und die Hilfe erbeten wurde. Danach wälzt sich der Junge nochmal herum, Schaum tritt ihm aus dem Mund – der Dämon ist noch einmal voll mächtig. Doch zum ersten Mal in der Erzählung wird hier vom Jungen als Subjekt gesprochen. Bis dahin war er Objekt, der getragen und über den gesprochen wurde.[12]

Wir begegnen der gleichen Aussage: »Er fiel auf die Erde« noch einmal in der Gethsemanegeschichte des Markus. Diesmal ist es der vor dem Tod und der Verlassenheit sich ängstigende Jesus, von dem solch ein Fallen auf die Erde berichtet wird.

Was ist mit diesem Fall auf die Erde gemeint? Es bedeutet in beiden Geschichten zunächst einmal Schwäche und Angst, aber dann auch Sterben. Von dem Jungen wird gesagt, dass er bald darauf wie tot daliegt. Jesus stirbt wenig später am Kreuz. Häufig finden wir im Neuen Testament auch die Wendung, dass das Samenkorn auf bzw. in die

Erde fällt und stirbt. Die gleiche Wortwahl macht nachdenklich. Der Boden, die Erde ist der Ort des Todes, aber ist nicht Boden/Erde zugleich als lebendig machende Kraft gesehen?

Wenn das Weizenkorn stirbt, so bringt es viele Frucht (Joh 12, 24). Der Junge, der auf die Erde fällt, wird später von Jesu Hand ergriffen (das Wort *egeirein* = auferwecken, die alte Auferstehungsterminologie wird hier verwandt!), und er steht dann alleine auf (Auferstehung!). Das gleiche Schicksal wird von Jesus erzählt. Mir scheint, dass die Berührung mit der Erde in allen drei Fällen Berühren mit dem Tod, Todesnähe bedeutet, die aber zugleich die Voraussetzung für neues Leben, Fruchtbarkeit und Auferstehung bedeutet. Die Erde mit ihrer geheimnisvollen Kraft bewirkt beides: Sterben und Neuwerden, Tod und Leben. Das Bild von dieser doppeldeutigen Erde ist im Neuen Testament häufig Bild für neues Leben. Neues Leben ist also sich erneuerndes Leben, keine absolute Neuschöpfung.

In zwei Lebensberichten aus den vergangenen Jahrzehnten begegnen gleiche Erd-Erfahrungen. Als sie die Nachricht vom Tode ihres Mannes bekommt, erfährt Clara von Arnim diese lebengebende Kraft des Sterbens und Aufstehens:

»Es war ein schöner, sonniger Tag. Die Kinder spielten im Freien. Ich ging in den nahen Wald. Ich warf mich auf den braunen, trockenen Boden zwischen den Fichten, denn hier im Wald konnte ich weinen, ich weinte lange, vielleicht eine Stunde lang. Dann stand ich auf.«[13]

Und noch eindrücklicher schildert das jüdische Mädchen Janina David, was sie bei der Nachricht vom Tod ihrer Eltern erlebt:

»Ich drehte mich um und verbarg das Gesicht im langen Gras. Die Erde drehte sich mit erschreckender Schnelligkeit, raste durch die ewige Nacht, und ich klammerte mich mit beiden Händen fest, presste mich an ihre unnachgiebige Oberfläche. Wenn ich nur auch da unten sein könnte, wie alle die, die schon friedlich tot und begraben waren. Wie sicher würde ich mich endlich fühlen. Aber ich war draußen, die Erde wolle mich noch nicht, und es gab keinen Weg zu denen, die schon darunter waren. Es hatte keinen Sinn, mit den Fäusten auf sie zu schlagen und darum zu betteln, dass sie mich einließ. Ich musste die mir zugemessene Zeit zu Ende leben – allein.

Ich schloss meine Augen, drückte mich mit dem Rücken gegen die Erde und wiederholte laut: ›Meine Eltern sind tot. Sie starben in einem Konzentrationslager oder, von ihren Mitbürgern verraten, auf einer Straße der Stadt. Wie, wann oder genau wo das geschah, und wo sie begraben sind, werde ich nie erfahren. Es wird kein Grab geben, das ihre sterblichen Überreste aufnimmt. Dieses ganze Land ist ein Grab, die ganze Erde ein riesiges Grab, und irgendwo sind sie ein Teil davon. Ich kann jetzt fortgehen, aber solange ich die Erde berühren kann, so lange bin ich auch mit ihnen verbunden.‹

Durch halbgeschlossene Augen schien der strahlende Himmel. Vor seinem harten blauen Hintergrund tanzte ein leuchtendes Muster von Blättern. Ich erwachte nach einem langen Schlaf, in dem der Duft in der Sonne reifender Äpfel und Birnen wie durch ein Wunder wiedergekommen war und sogar jetzt noch die Luft um mich erfüllte. Die Erde war weich, ich lag auf dem Rücken, spürte, wie der Boden unter mir nachgab, wie eine warme Wiege. Gras wuchs zwischen meinen Fingern und über meinen Leib: Ameisen krochen über meine Beine. Ruhig sah ich ihnen zu, ohne jeden Schauer der Angst. Sie und ich, wir alle gehörten der Erde an. Sie war die einzige unzerstörbare Grundlage unseres Daseins. Sie gab uns das Leben, und zu ihr werden wir alle eines Tages heimkehren. Das war die einzige Sicherheit, der einzige Trost. Aus den Obstgärten, die in der Herbstsonne träumten, brachte der Wind den Duft reifender Früchte. Den Duft des zurückkehrenden Lebens. Den Duft des Friedens.»[14]

Am Ende seines Lebens wird der Mensch – selbst ein Stück Erde – *Adama* – wieder in diese Erde eingehen.

Das Wissen um die schöpfungsgemäße Verbundenheit mit der Erde hat immer zwei Aspekte: Trauer und Trost. Trauer um den Zerfall des Körpers, der wie Erde zerfällt, Trost, weil dieser Körper mit dieser Erde in den Schöpfungsverbund zurückkehrt. Etwas von solcher Hoffnungs-Substanz steckt noch in unserer Beerdigungsliturgie:

»Von Erde bist du genommen. Zu Erde sollst du wieder werden. Von dieser Erde wird dich Jesus Christus am Jüngsten Tag wieder auferwecken.«

Aus dem 7. Jahrhundert ist uns noch ein Dokument ähnlichen Denkens erhalten: Auf dem Epitaph für Gregor den Großen ist zu lesen:

»Suscipe Terra tuo de corpore sumptum« (Empfange, o Erde, was von deinem Körper genommen war) – eine vielleicht letzte christliche Erinnerung, dass die Erdmutter unter Christen noch lebendig war und den christlichen Gottesglauben nicht bedrohte.[15]

Was können solche alten Erdgeschichten heutigen Menschen sagen?

Die Erde als eigenständig zu sehen, schränkt unsere Allmachtsfantasien ein, lässt uns wieder Staunen und Ehrfurcht lernen und uns im Verbund mit Schöpfung und allen Geschöpfen sehen. Im Wissen um diese archaische Erdmacht können Menschen dann auch Freundinnen und Freunde der Erde werden und ihr helfen, sich zu regenerieren. In diesem Wissen haben sie sie zu schützen und zu bewahren vor menschlicher Dummheit und Habgier; sie können das aber nur tun eingedenk ihrer ihr eigenen Würde und einer heiligen Materialität, die Gott uns mit ihr anbietet. Diese Heiligkeit der Erde, unseres Körpers und vieler täglicher Dinge um uns her zu erfahren, müssen wir erst wieder lernen. Freundschaft ist ein Weg dazu, aus dieser Kraft der Erde unser Leben zu gestalten.

Schlussgedanken

Frauen haben begonnen, die geheime Erdkraft von Frauenfreundschaft wieder zu entdecken. Aber nicht nur für sich. Was sie an Erdungen beschrieben, wie konkret Freundschaft für sie in Berührung, im Hören, im Feiern und im Alltag, in der Entdeckung der eigenen Persönlichkeit und der Würde der Erde, im Zauber der Gegenseitigkeit wird, kann auch die Welt, in der sie leben, nicht unberührt lassen. Es geht nicht mehr darum, wie es in Schillers Ode an die Freude heißt, »eines Freundes Freund zu sein« und zugleich »ein holdes Weib« zu erringen ... Es ist uns mit Freundschaft mehr angeboten. Eine alltägliche Erfahrung wie Freundschaft kann die Fremdheiten und Feindseligkeiten, mit denen wir uns umpanzern, auflösen. Ein alltägliches Wort wie Freundschaft kann die Hierarchien, die unsere Ordnungen zementieren, durcheinander bringen, kann die Eisblöcke, die zwischen Gott und uns sich aufgeschichtet haben, zum Schmelzen bringen.

Oft sehen wir die Freunde nicht und erleben keine Freundschaft. In dem Kindergedicht: »Ein Freund ist jemand, der dich gern hat«, heißt es: »Wenn du dann denkst, du hast keine Freunde, dann musst du innehalten und dich besinnen, ob dich nicht jemand angelächelt hat auf seine Art ...«, und wir können zurücklächeln und können entdecken, was uns zugetan ist und was uns wohl tut.

Freundschaften können Mühe und Arbeit machen. Sie fallen uns nicht immer zu. Aber was sich dann unter dem Schutt von Entfremdung und Misstrauen oder nur Gleichgültigkeit auftut, verändert uns und unsere Weltsicht. Neugier macht mutig und lustvoll. Die Tasse Tee am

Küchentisch lässt die alltäglichen Lebensmittel wieder als göttliche Energie schmecken. Die Erde, die uns Ruhe und Gelassenheit schenkt, wird wieder heilig. Unser Körper kann in seiner Eigenständigkeit zum Wunder werden. Das »Andere« wird reizvoll.

Dass Gott Mensch wurde, tut sich vor uns in immer neuen Dimensionen als ein Wunder auf, an dem wir selbst mit Händen, Herzen und Sinnen teilhaben.

Die Selbstverständlichkeiten, mit denen wir leben, die Zerspaltenheiten, an denen wir leiden, die künstlichen Trennungen, die wir aufrecht erhalten – Freundschaft kann sie verwandeln. In Freundschaften zu leben, ist ein Prozess, der uns freund-lich und aufmerksam macht, zart und genau, und in dem wir aufwachen, um etwas von der Vielfalt der geheimen Erdkraft Gottes zu erfahren.

Wach auf, meine Freundin!

Anmerkungen

Einleitung

1 Gertrud Bäumer, Lebensweg durch eine Zeitenwende, Tübingen 1933, 161.
2 S. Eickenrodt u. C. Rapisarda, Querelles. Jahrbuch für Frauenforschung 1998. Freundschaft im Gespräch, Stuttgart/Weimar 1998, 17. S. auch für Folgendes. – Über Frauenfreundschaften in der Geschichte des Christentums informiert Monika Barz, Herta Leistner, Ute Wild, Hättest du gedacht, dass wir so viele sind? Lesbische Frauen in der Kirche, Stuttgart 1987, S. 139ff.
3 Ebd. 157.
4 Ute Gerhard u. a., Frauenfreundschaften – ihre Bedeutung für Politik und Kultur der alten Frauenbewegung. In: Feministische Studien, Mai 1993, 21ff.
5 Hans van der Geest, Unter vier Augen. Beispiele gelungener Seelsorge, Zürich 1986, 235.
6 Kurt Marti, Zärtlichkeit und Schmerz. Neuwied 1979, 66.
7 Dagmar Schultz (Hg.), Macht und Sinnlichkeit, Berlin 1983.
8 Klaus-Peter Jörns, Die neuen Gesichter Gottes, München 1997.
9 S. dazu Heinrich Meyer, Die Lehre Carl Schmitts, Stuttgart 1994, 109ff.
10 Anne Wilson Schaef, Weibliche Wirklichkeit, Wildberg 1985, 161ff.
11 Sallie McFague, Models of God, Philadelphia 1988, 173.
12 Ein eindrückliches Freundschaftsbuch ist John O'Donohue, Anam Cara, München 1997, das keltische Weisheit beschreibt, die auf Mönchstraditionen vom »Seelenfreund« beruht. – Eine in den USA erschienene Sammlung von religiösen Freundschaftsentwürfen (z. B. eine Theology of friendship Dietrich Bonhoeffers) kommt bis auf eine Darstellung Mary Hunts nicht über einen androzentrischen Standort hinaus (L. S. Rouner, The Changing Face of Friendship. Notre Dame 1994). – Ein inhaltsreicher Beitrag zum Defizit der Freundschaft in der Theologie ist der Aufsatz von Walter Sparn: »Und schweigend umarmt ihn der treue Freund«. Reformatio 48, 1999, S. 136ff.

Traditionen der Gottesfreundschaft

1 So Erik Peterson, Der Gottesfreund. 2 KG XL II. Band, Neue Folge V (1923), 161–202. – Über Freundschaft in der Kulturgeschichte informiert umfassend: Igor S. Kon, Freundschaft, Reinbek 1979. – Freundschaft im griech.-römischen und neutestamentlichen Kontext untersucht John F. Fitzgerald (Ed.), Greco-Roman Perspectives on Friendship, Atlanta 1997.
2 McFague 1988, 173.
3 Rudolf Bultmann, Das Evangelium des Johannes, Göttingen 1952, 419.
4 Adolf von Harnack, Mission und Ausbreitung des Christentums, Bd. 1, Leipzig 1906, 353f.
5 S. Margot Schmidt, Theologin. In: Wörterbuch der Feministischen Theologie. Hg. E. Gössmann u.a. Gütersloh 1991, 402. Über Mechthild von Hackeborn. – Hanna-Barbara Gerl sieht auch Hildegard von Bingens Theologie geprägt von »Freundschaft« und dem »Urfreund« Gott. Doch leider kommen die Begriffe »Freund« und »Freundschaft« m. W. bei ihr in diesen Zusammenhängen nicht vor. (H. B. Gerl, Freundinnen, München 1993, 37ff.)
6 Meister Eckhart, Ewige Geburt, Gütersloh 1948, 171.
7 Waltraud Herbstrith, Aufbruch nach innen. München 1998, 105.
8 Die Legenda aurea des Jacobus de Voragine, Heidelberg 1979, 472.
9 Gerta Scharffenorth: Den Glauben ins Leben ziehen. München 1982, 158f. – dies., »Freunde in Christus werden ...«, Gelnhausen 1977.
10 Dorle Schönhals-Schlaudt, »Du, Eva, komm sing dein Lied«. In: Frauen fordern eine gerechte Sprache, Gütersloh 1990, 136.

Von der Gottesfreundschaft zur Freundinnenschaft

1 Jürgen Moltmann, Kirche in der Kraft des Geistes, München 1975. – Neuer Lebensstil, München 1977.
2 Sallie McFague, Metaphorical Theology, Philadelphia 1982. – Modells of God, Philadelphia 1987. – The Body of God, Minneapolis 1993.
3 Ebd. 190. – Auch in ihren späteren Büchern: »Models of God« und »The Body of God« vermeidet sie, sich auf feministische Terminologie festzulegen. In einer Würzburger Diplomarbeit hat Hildegard Wustmans Sallie McFagues späteres Buch: »Models of God« feministisch interpretiert und aus McFagues

»friend« die Metapher »Freundin« herausgelesen (Hildegard Wustmans, »Wenn Gott zur Freundin wird ...«, Frankfurt 1993). McFague bewahrt aber m. E. bewusst das neutrale »friend«.

4 Carter Heyward, Und sie rührte sein Kleid an, Stuttgart 1986, 17.
5 Ebd. 17.
6 Ebd. 30. 39. 49.
7 Ebd. 30.
8 Ebd. 53.
9 Ebd. 85.
10 Ebd. 104f.
11 Ebd. 108.
12 Ebd. 188.
13 Ebd. 160.
14 Ebd. 186.
15 Mary Hunt, Fierce Tenderness. A Feminist Theology of Friendship, New York 1991.
16 Ebd. 10. 150.
17 Hildegund Keul, Menschwerden durch Berühren. Bettina Brentano-Arnim als Wegebereiterin für eine Feministische Theologie, Frankfurt 1993.
18 Ebd. 154.
19 Ebd. 339.

Jesus, der Freund

1 Frauenarbeit der Ev. Landeskirche in Württemberg (Hg.), Wir Frauen und das Herrenmahl, 1996. Siehe auch zu Folgendem. – Zur Kritik am Sühnopfer: z. B. Hans Kessler, Die theologische Bedeutung des Todes Jesu, Düsseldorf 1970.
2 Elisabeth Schüssler Fiorenza, Jesus – Mirjams Kind, Sophias Prophet, Gütersloh 1997, 177.
3 Hunt, 10. 150
4 S. o. 19
5 Elisabeth Schüssler Fiorenza, Zu ihrem Gedächtnis, München 1988, 172ff.
6 Ebd. 163.
7 S. Wir Frauen und das Herrenmahl, 32. Hier ist auch der großartige Entwurf eines Frauen-Abendmahls der Künstlerin Candace Carter abgebildet.
8 Felix Christ, Jesus Sophia, Zürich 1970, 154.
9 Heyward 104.
10 S. dazu: Elisabeth Moltmann-Wendel, Das Land, wo Milch und

Honig fließt, Gütersloh 1985, 141 ff. – Für Christa Mulack wird Jesus sogar zum Gesalbten der Frauen: Christa Mulack, Jesus – der Gesalbte der Frauen, Stuttgart 1987.

11 Rita Nakashima Brock, Journeys by Heart, New York 1988, 98.

12 S. dazu Helga Kuhlmann, Solus Christus? In: Jost/Valtink, Ihr aber, für wen haltet ihr mich? Gütersloh 1996, 50 ff.

13 Doris Strahm, Vom Rand in die Mitte, Luzern 1997, 236.

14 Ebd. 262. S. dazu Delores Williams, Sisters in the Wilderness, New York 1993, 202: Jesus als »helpmate«.

15 Ebd., 240.

16 Ute Gerhard u. a., Dem Reich der Freiheit werb' ich Bürgerinnen, Frankfurt 1980, 106. Hier beruft sich Otto-Peters auf die Freundschaft Jesu mit Maria und Martha.

17 S. dazu: Zu ihrem Gedächtnis 197. 321.

Das Abendmahl als Freundschaftsmahl

1 S. dazu: Wir Frauen und das Herrenmahl. – Ute Grümbel, Abendmahl: »Für Euch gegeben?« Stuttgart 1997.

2 René Girard, Das Ende der Gewalt, Freiburg 1983, 212.

3 Ebd. 187. – Nach Grümbels Befragung von Frauen und Männern zum Abendmahlsverständnis zeigt sich deutlich, dass bei Frauen Skepsis angesagt ist, was die Bedeutung von Opfer/Opfern angeht (251). Nur 3 von 28 befragten Frauen äußerten sich im Sinn der traditionellen sühnetheologischen Deutung des Todes Jesu (253).

4 Hans Kessler, Das Kreuz und die Auferstehung. In: H. Schmidinger (Hg.) Jesus von Nazareth, Graz 1995, 165. – In der englischen Sprache wird hilfreich zwischen victim und sacrifice unterschieden, d. h. zwischen dem passiven Opfer und dem aktiven aus religiösen Gründen gebrachten Opfer.

5 Eduard Schweizer, Das Evangelium nach Markus, Göttingen 1967, 66.

6 Ahn Byung-Mu, Jesus und Minjung im Markusevangelium. In: Minjung. Theologie des Volkes Gottes in Südkorea, Hg. J. Moltmann 1984, 113 ff.

7 Ebd. 120.

8 In ihrer Befragung hat Grümbel bei Frauen ein weit stärkeres Interesse an einem gemeinsamen Essen festgestellt, und nur für wenige Männer ist die sinnliche, leibhaftige Erfahrung bedeutsam (331).

9 Jutta Anna Kleber, Zucht und Ekstase. In: A. Schuller/J. Kleber, Verschlemmte Welt, Göttingen 1994, 235 ff.

10 Ebd. 249.
11 Kurt Marti, Zärtlichkeit und Schmerz, Neuwied 1979, 131.

Trennung von Gott und Güte

1 Luise Rinser, Den Wolf umarmen, Frankfurt 1981, 101.
2 V. S. Goldstein, Die menschliche Situation: ein weiblicher Standpunkt. In: E. Moltmann-Wendel, Menschenrechte für die Frau, München 1974, 123.
3 Allerdings haben feministische Theologinnen ebenfalls Aussagen über die grundsätzliche Korrumpiertheit der Menschen beibehalten, vor allem im Bezug auf sexistische Strukturen. S. dazu Lucia Scherzberg, Sünde und Gnade in der Feministischen Theologie, Mainz 1991, 60. 116f.
4 Christina Thürmer-Rohr, Vagabundinnen. Berlin 1987, 49ff.
5 Christa Mulack, … und wieder fühle ich mich schuldig, Stuttgart 1993.
6 Christine Schaumberger/Luise Schottroff, Schuld und Macht, München 1988, 275f.
7 Valerie C. Saiving, Our Bodies/Our Selves. In: Journal of Feminist Studies in Religion, 1988, Vol. 4 Nr. 2, 117ff.
8 Erich Fromm, Haben oder Sein, Stuttgart 1967, 357ff.
9 So Marjorie Hewitt Suchocki, Sünde: Rebellion gegen die Schöpfung. In: Brand, Suchocki, Welker, Sünde, Neukirchen 1997, 35ff.
10 Matthew Fox, Original Blessing, Santa Fé 1983, 54ff. Deutsch: Der große Segen. Umarmt von der Schöpfung, München 1991.

Die Freundin Jesu – Maria Magdalena

1 Aus der umfangreichen Magdalenenliteratur seien hier nur einige Titel genannt: Dietmar Bader (Hg.), Maria Magdalena – Zu einem Bild der Frau in der christlichen Verkündigung, Freiburg 1990. – Elisabeth Moltmann-Wendel, Ein eigener Mensch werden. Frauen um Jesus, Gütersloh 1980; dies., Frauen und Männer am Wege Jesu. In: H. Schmidinger (Hg.), Jesus von Nazareth, Graz 1995; Carla Ricci, Mary Magdalene and Many Others, Minneapolis 1994.
2 S. dazu Moltmann-Wendel 1995, 131ff.
3 Karl Künstle, Ikonographie der christlichen Kunst, Freiburg 1926. – Eine vorbildliche Darstellung augustinischer Sünden- und Sexualangst findet sich in Elaine Pagels, Adam, Eva und die Schlange, Reinbek 1991, 207ff.

4 Hennecke-Schneemelcher, Neutestamentliche Apokryphen Bd. 1, Tübingen 1987.
5 Die Legenda aurea des Jacobus de Voragine, Heidelberg 1979, 472.
6 Ernst Eggimann, Jesus-Texte, © Peter Schifferli Verlags AG, Die Arche Zürich
7 Heinrich Böll in einem Interview, Internationale Dialogzeitschrift 69/4.
8 So die »Initiative Gleichberechtigung für Frauen in der Kirche e. V. Maria von Magdala« 1997 bei ihrem 10-jährigen Jubiläum in Münster.
9 Libreria delle donne di Milano, Wie weibliche Freiheit entsteht, 1991^{3}.
10 Gottfried Koch, Frauenfrage und Ketzertum im Mittelalter, Berlin 1962, 100.
11 Shulamith Shahar, Die Frau im Mittelalter, Frankfurt 1983, 105.
12 Christina Thürmer-Rohr, Denken der Differenz. Feminismus und Postmoderne. In: Utopie. Richtiges im Falschen? 18. Jg. 1995, 94ff.
13 David Tracy, Fragmente und Formen. In: Concilium 33. Jg. 1997, 404.

Freund-liche Berührungen: Zärtlichkeit und Eros

1 S. B. u. L. Wachinger. Art. Zärtlichkeit. In: Lissner u.a. (Hg.) Frauenlexikon. 1185.
2 Erich Fromm, Die Kunst des Liebens, Frankfurt 1980, 66.
3 Heinrich Böll in einem Interview. Internationale Dialogzeitschrift 69/4.
4 Heinrich Böll, Versuch über die Vernunft der Poesie. (s. FAZ v. 3. 5. 1973).
5 Unsere Hoffnung. Ein Beschluß der Gemeinsamen Synode der Bistümer i. d. BRD Deutschland.
6 Kurt Marti, Zärtlichkeit und Schmerz, Darmstadt 1979, 66.
7 Ebd. 68.
8 Wolfgang Dietrich, GegenSätze. Antithesen im Sinne Jesu, Eschbach o.J. 48.
9 Dagmar Schultz (Hg.), Macht und Sinnlichkeit, Berlin 1983, 160.
10 Dietmar Mieth, Die Kunst, zärtlich zu sein, Freiburg 1987.
11 Christina Thürmer-Rohr, Lust – Verlust der Frau – ein Wundmal. In: A. Deuber-Mankowski u.a. Die Revolution hat nicht stattgefunden, Tübingen 1989, 303ff.
12 Evelyn Fox Keller, Liebe, Macht und Erkenntnis, München 1986, 133f.

13 Rita Nakashima Brock, Journeys by Heart, New York 1988.
14 Anders Nygren, Eros und Agape, o. O. 1930.
15 Dietmar Mieth, Art. Liebe. In: Lissner u. a., Frauenlexikon, Freiburg 1988, 648.
16 Christos Yannaras, Person und Eros, Göttingen 1982, 122 ff.
17 Annie Berner-Hürbin, Eros die subtile Energie, Basel 1989, 16 f. 172, 210 f.
18 Ina Prätorius, Skizzen zur Feministischen Ethik, Mainz 1995, 47 ff.

Mein Körper – meine Freundin

1 Rubem Alves, Ich glaube an die Auferstehung des Leibes, Düsseldorf 1983, 43.
2 Starhawk, Witchcraft as Goddesreligion, in Ch. Spretnak, The Politics of Women's Spirituality, New York 1982, 51.
3 Ingrid Olbricht, Die Brust, Reinbek 1989; dies., Alles psychisch? München 1989, 265; dies. Was Frauen krank macht, München 1993, 243, 265.
4 Barbara Duden, Entkörperung im Dienst der Gesundheitsthesen zur Veränderung der Selbstwahrnehmung von Frauen ... In: Von der »Krankheit« Frau zur Frauengesundheit. Dokumentation der 4. Jahrestagung des AKF, 1997.
5 Christa Wolf, Vorwort zu Maxie Wander, Guten Morgen, Du Schöne, Darmstadt 1978, 15. – Ein leidenschaftliches Plädoyer für Gefühl, Leiblichkeit und emotionale Vernunft ist die Studie von Carola Meier-Seethaler, Gefühl und Urteilskraft, München 1998.
6 epd-Dokumentation: Welche Natur wollen wir? Welche Natur haben wir? 17/91, 71.
7 Beverly Wildung Harrison, Die Macht des Zorns im Werk der Liebe, in: Brooten/Greinacher, Frauen in der Männerkirche, München 1982, 199 f.
8 Wilson Schaef, 154, s. o.
9 Prätorius, 50 ff.
10 Nelle Morton, Auf dem Weg zu einer ganzheitlichen Theologie. In: E. Moltmann-Wendel. Frau und Religion, Frankfurt 1983, 202 ff. Zu ff.: E. Moltmann-Wendel, Mein Körper bin Ich, Gütersloh 1994.
11 Hannah Arendt, Vita activa, München 1960, 243 u. ö. – Annegret Stopczyk, Nein danke, ich denke selber, Berlin 1996, 195 f.
12 Marie-Luise Kaschnitz, Dein Schweigen – meine Stimme, München 1962, 107.

Freundschaft mit der Erde

1 Joan Walsh Anglund, Ein Freund ist jemand, der dich gern hat, Olten 1958.
2 Hunt 173. – Der deutsche B.U.N.D. ist daraus hervorgegangen.
3 Dorle Schönhals-Schlaudt, Du Eva, komm sing dein Lied, 1993, 9.
4 Hunt, 173.
5 Rudolf zur Lippe, Natur und Ästhetik. In: epd Dokumentation: Welche Natur wollen wir? Welche Natur haben wir? 17/91.
6 S. dazu ausführlicher: E. Moltmann, M. Schwelien, B. Stamer, Erde, Quelle, Baum, Lebenssymbole in Märchen, Bibel und Kunst, Stuttgart 1994.
7 J. E. Lovelock, Gaja – A new Look at Life on Earth, London 1979; D. Sagan/L. Margulis, Gaia and Philosophy, in: L. S. Rouner (Ed), On Nature, Vol. 6. Boston University Studies in Philosophy and Religion, Notre Dame 1974, 60–78.
8 Illuminations of Hildegard of Bingen, Commentary by Mathew Fox, Santa Fé, 1985. II.
9 F. M. Dostojewskij, Schuld und Sühne, Bern o. J., 484.
10 Chung Hyung Kyung, »Komm, Heiliger Geist – erneuere die ganze Schöpfung«, In: Junge Kirche 3/91, 130ff. – Siehe auch in: Chung Hyung Kyung, Schamanin im Bauch, Christin im Kopf. Frauen Asiens im Aufbruch, Stuttgart 1992.
11 Catherine Keller, Die Frau in der Wüste. Ein feministisch-theologischer Midrasch zu Apk 12. In: Evangelische Theologie 5/90, 414ff.
12 Der vollständige Text in: Konrad von Bonin (Hg.), Deutscher Evangelischer Kirchentag Ruhrgebiet 1991, München 1991, 74ff.
13 Clara von Arnim, Der grüne Baum des Lebens, München 1989, 363.
14 Janina David, Ein Stück Erde, Knaur Taschenbuch, 204.
15 The Woman's Encyclopedia of Myths and Secrets, San Francisco 1983, 264.

Die Deutsche Bibliothek – CIP-Einheitsaufnahme.
Ein Titeldatensatz für diese Publikation ist bei
Der Deutschen Bibliothek erhältlich

1 2 3 4 5   04 03 02 01 00

Ein Unternehmen der Dornier Medienholding GmbH
Postfach 80 06 69, 70506 Stuttgart, Tel. 0711–78 80 30
Sie erreichen uns rund um die Uhr unter www.kreuzverlag.de
Umschlaggestaltung: Jürgen Reichert, Stuttgart
Umschlagbild: Die »Damen in Blau« Fresko Herakleion
Gesamtherstellung: Clausen & Bosse, Leck
Die Schreibweise entspricht den Regeln der neuen Rechtschreibung.
ISBN 3 7831 1800 X